コツとカンの運動学
わざを身につける実践

日本スポーツ運動学会 編
Japan Society of Sport Movement and Behaviour

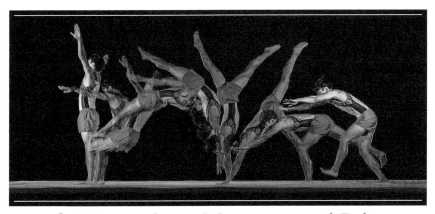

Introduction to Sport Movement and Behaviour

大 修 館 書 店

1. 本書のねらい

(1) 運動学への導入

　『コツとカンの運動学』と題された本書は、スポーツ・体育の専門コースに学ぶ大学生がはじめて運動学に接することを想定して執筆されています。また、小学校の教員でスポーツ・体育の講義や実習を経験されていない方々にも役に立つことができると考えています。

　運動学は人間の運動の本性に即した新しい理論です。それはわざのコツやカンを〈身体で覚え〉、また他人に伝える実践の理論です。そのねらいの中心は、スポーツ実践や指導実践に携わる人々のなかで、ともすれば〈当たり前〉になってしまい、はっきりと自覚されないままに行われている運動理解をいったん棚上げして、それを〈点検〉する機会を提供することにあるといってよいでしょう。そして、そこから読者の実践そのものを、この新しい感覚の理論によってとらえ直す可能性を見出していただけると考えています。

(2)「身体で覚える」

　わざを〈身体で覚える〉という現実はそれにふさわしい感覚的経験からしか理解できないと考えます。さらに、その経験は当人にとってもはじめから見通せるような経験ではありません。身体で覚えるという営みには、身体感覚の変化のなかに、ともすれば見過ごしてしまいがちなことに気づこうとする努力が、わざを覚えようとする人にも、わざを伝えようとする人にも求められます。われわれの身体はその努力によって新たな動きかたを覚え、また伝える可能性を持っているのです。運動学はこの可能性の理論なのです。それは、過去に似たような道を苦労して歩いた先人が見出した〈本質的なこと〉が、未来に向かってわざを覚える、あるいは伝える道を歩もうとする人にとって、道しるべとなる理論であることを意味しています。

　一般に身体というとき、外から見た自分の身体や他人の身体を思い浮かべますが、動く感じを感じ取り、それを保存する身体は、私の身体以外のものではありません。ですから、〈身体で覚える〉というときの身体は、私が内側から感じる私の身体です。感じて動く私の身体です。スポーツのわざを覚える訓練は、この身体が〈動ける感じ〉を発見し、いつでも生み出せるようになるための営みといえるでしょう。

（3）事例への共感

〈身体で覚える〉という考えかたは、すでに日常でも〈当たり前〉になっている科学的な運動の考えかたとは異質なものです。このため、特にはじめて運動学に接する人には戸惑いがあるかもしれません。

本書では、「記述学①」としての運動学の原理や法則を、これに関係する事例を通して理解することをねらいとしています。そして、その事例の記述を読むために必要な運動学の専門用語は側注で解説し、さらに専門文献を指示しています。取り上げられた事例の記述を、読者のそれぞれの運動経験から共感的に読み解いていくことが、運動学にはじめて接する方々にとっての入門になると考えます。執筆者の〈実践感覚〉による事例の記述は、その個人が経験した個別の事実であっても、読者はそこに共感する努力を惜しまず、記述された情況に自身の身を置くことによって、事例の説明を理解していただけると考えます。事例記述に使われている表現が読者の身体感覚に語りかけてくることがねらいです。

記述された事例はスポーツ実践や体育授業の〈お手本〉として取り上げられたものではありません。記述された事例が感覚的に共感できる事例であれば、それは読者の実践感覚そのものと共鳴していることになります。

このような事情から、本書は運動学の理論を体系的に理解するような構成にはなっていません。むしろ、初学者のテキストとしては異例のかたちなのかもしれません。

（4）指導者を目指すために

スポーツ・体育の指導者の専門性は、学習者がわざを身につける実践に指導的に介入できることです。その仕事は自分のではない、他人の身体にわざを伝えるということです。長く誤解されてきたことですが、これは学習の場を整え、学習者の活動をマネージメントすることではありません。もちろん、このようなマネージメントがわざを伝える場に不要であると主張しているのではありません。生徒の身体にコツやカンを芽生えさせ、育てるということが指導者の仕事なのです。この専門性は学習者との間に望ましい信頼感を生み出すことになります。

スポーツを学ぶ学生は自身のスポーツ実践のさなかにある場合が多いと思います。大学の専門コースでのスポーツ実習も、自身の実践そのものの運動学的理解が進んでいけば学び甲斐のあるものとなると思います。自身の実践経験を感覚でとらえて分析する能力は、いずれ他人の動き方を〈読み〉、指導につなげていく能力になっていきます。運動学によって将来の指導者への関心が育ち、その準備ができるようになることも、本書が望んでやまないところです。

①記述学
かつて解剖学は形態学といわれました。そこでは、臓器などの〈かたち〉を見ることで分類しますが、なぜ胃はこの〈かたち〉なのかとその原因を問うことはせず、この〈かたち〉やその成り立ちを文字やスケッチを通して記述しようとします。
「歩く」のように、すでに身についた動く感じも同様に、その感じの〈かたち〉や成り立ちを記述することで他の動く感じとの区別や関係を明らかにしようとします。

2. 本書の構成

本書は運動学の理論を体系的に理解するために書かれたものではありません。運動学という新しい理論は読者自身の感覚世界と〈内的な対話〉によって交流することがなければ正しい理解がなされないからです。むしろ〈身体で読む〉ということが望まれます。コツとカンはこの感覚世界に生み出されるものだからです。以下に各章の内容の概略を示します。

I　実践をとらえ直す

時代の流れのなかで、スポーツ・体育の実践においてスポーツ運動（わざ）の本質が見失われる可能性を、すでにクルト・マイネルの運動学が見出しています（『マイネル　スポーツ運動学』）。いつの時代もこの社会的動向の影響を受けることは避けられません。ときとしてスポーツ・体育の指導実践が、それと知らずにスポーツ運動の本性からかけ離れた考えかたに覆われ、それによって様々な問題が出てくる可能性があります。指導者は特にこの視点から、常に自身の実践の〈当たり前〉を振り返ることが望まれます。この章はスポーツ実践をスポーツ運動のいくつかの原理からとらえ直す契機となることを意図して設けられました。

II　コツとカンの世界

コツとかカンは目に見えるものではなく、自分の身体で生み出し、それを感じることができるものです。自身の身体との〈内的な対話〉の能力によってはじめてコツとカンの世界が開かれます。初心者には、わざに魅力を感じ、できるようになりたいという衝動が〈動機づけ〉られる環境のなかでこそ、この身体との対話能力が育ちます。それが運動学的実践の始まりです。

初心者の動きは、できてもまだ不安定で粗削りです。この〈質〉を高めるための実践の「道しるべ」となるのが、コツやカンという感覚的な出来事とその発生の法則性です。

III　わざの発生

自分の身体にわざを発生させる実践は、なかなか思うようにいかないことが多いものです。しかし、動くことによってしか動ける空間や動きの時間性は育ってきません。この時間や空間の意識が運動の基盤となる世界をつくります。そして、この経験こそが〈わざを覚える身体〉を育てていく「実践的思考」[2]なのです。この能力の発生の原理や本質法則が事例とともに説明されます。

指導者には初心者が覚えた粗削りな動きや悪い癖を修正できることが望ま

[2]実践的思考
『マイネル　スポーツ運動学』を貫く感覚による実践の把握を意味します。具体的な動きの感じは〈身体で覚える〉実践のさなかにしか姿を見せず、しかも束の間に流れ去ります。しかし、バスケットボールのシュートでボールが手から離れる瞬間に「しめた！」「しまった！」と感じるように、価値を伴う動く感じは一瞬印象に残ります。上記の〈内的な対話〉が成立するきっかけにもなります。

れます。この修正は今までの動きかたを基礎にして新しい〈質〉の動きかたを改めて覚えることです。困難な場合が多い学習場面ですが、この修正の可能性の法則が事例とともに解説されます。他人のコツやカンは外からは見えないはずなのですが、指導者にはこれをとらえる能力が望まれます。運動学では、この「実践的思考」の能力を育むことが指導者になるためには最も重要であると考えています。

IV　スポーツ種目によるコツとカンの特性と指導

スポーツの種目によって具体的なコツやカンの内容も異なります。それぞれの種目のわざに初心者がどのように関心を示して自ら取り組むようになるかについて、種目特性による関心の発生の可能性が説明されます。特に学校体育では、種目特有のわざへの関心が発生する可能性が、指導者がわざを伝える可能性を支えています。周りから見て、「何が面白くてそんなに夢中になれるのか……」と思われるほど練習にのめり込むことは、人間形成にとって貴重な経験であると運動学では考えます。学習者が各種目の具体的なわざへの関心から練習に夢中になれる指導が工夫されることが望ましいのです。

V　運動学の問題圏

この章では、一般的なスポーツ・体育の領域にはない共感努力が求められる運動指導の領域を取り上げます。幼児の運動指導においては、学習者の幼児が自身の運動を把握して報告できないために指導の困難さがあります。リハビリテーションの感覚的な運動指導では、障害を持つ身体への特殊な共感力が求められると考えられます。そして、視覚障害児には晴眼者が共感しにくい運動世界があると思われます。これらの学習者が構築している運動世界の法則性の発見が期待されます。ここから、新たな運動指導の可能性を探ることができると考えます。

VI　運動学ゼミナールのために

運動学のゼミナールは体育館やグラウンドなど、指導が行われる場に身を置いて、互いの動感経験（コツやカン）を提供し、交換しながら具体的な動きかたを前にして実践そのものを研究する場を想定しています。

ゼミナール1では、わざの発生の項目（III、IV、V章）の記述と引き合わせて、具体的な動きかたの実践可能性を発見できるようにテーマを提供しています。

ゼミナール2では、必ずしも順調に進むとは限らない運動の指導場面において、問題になると思われる運動現象を取り上げます。初学者がこの問題性を運動学的に把握しておくことが望ましいと考えられるテーマを挙げました。

編集代表　渡邉　伸

序章 運動学とは何か

1．運動学におけるコツとカン

（1）わざ

「わざを身につける」あるいは「わざを磨く」という表現は、スポーツ・体育の運動形成①に関わって、われわれにはなじみの深いものです。「わざ」という言葉は特に日本の芸道文化において練り上げられてきた歴史を持つものです。[1] スポーツでは、動きかたが評価されるわざ、速く走るわざ、高く跳ぶわざ、さらに、敵の攻撃をかわし、また攻めるわざなど、競技ルールとの関わりのなかで多様な動きかたとして認められています。

わざは、それぞれの社会で価値が認められ、その動きかたを身につけるには訓練が求められるものであり、工夫しながら訓練をすればするほど習熟が高まっていくものをいいます。したがって、動きのわざは、例えば健康のためのジョギングなどのように、何かの〈ために〉行うエクササイズの運動から区別されることになります。

しかし、長年の努力によって身につけた、他の追従を許さない名人・達人のわざも、その人が亡くなってしまえばこの世から消えてしまうことになります。わざは、生きている身体から身体へと伝えられるものなのです。

運動学は、動きのわざとそれを身につけ、また他の身体に伝える実践を研究します。

（2）身体（からだ）で覚える

運動形成に関して、「身体で覚える」という表現もなじみの深いものです。これは単なる表現だけの問題として理解してはなりません。

この身体は、「身体で覚える」いう表現の通り、動きのわざを覚える可能性を持っている身体です。「覚える」とは、わざの動きかたを生み出す感覚、「動感」②[2] を記憶することです。われわれが生まれてから、いわば自然に身につけた動きかたで最もよく習熟しているものの一つに「歩く」があります。冬の道で不意に足元が滑って危うく転びそうになったけれど、何とか転ばずに済んだとき、滑ってから立ち直るまでの自分の身体の動きは全く無意識に行われています。当人は「偶然助かった」という感じを持ちますが、実は偶然ではなく、身体が「立つ」や「歩く」を、突発的に襲う危機的情況にも対応できるほど高い習熟で覚えていたことによります。身体が覚え

①運動形成
新しい動きかたを覚えて、習熟を高めていくこと。

②動感
「感覚であると同時に、感覚を引き起こす運動の意識」。自分が歩いているときに、歩いていることを感じているその感覚のことです。

て、全く無意識に行われた動きが、崩れかかった「立つ」の修復を志向[3]していたのです。このように、身体が覚えた動きの感覚とそれを覚える能力を、身体の知恵という意味で動きの「身体知」ということもあります。この身体には、生まれる以前からの動感の経験が無意識に記憶されています。この動感の記憶がそのつど働いて、動きかたを生み出します。経験されるあらゆる動感はこの身体に意識的、無意識的に記憶されていきます。そして、身体は人それぞれに異なって、多様な感覚を経験し記憶してきた歴史があることになります。身体が覚えたこの動感の記憶が、意図的にわざを覚えたり他の身体に伝えたりする実践にとっても不可欠な能力の可能性になります。

③志向性
意識が何かを目指していること。意識される志向性と無意識の志向性があります。動感が志向するのは、動きかた、あるいは動きの〈かたち〉です。

（3）コツとカン

　コツとカンはある具体的な情況で働く動感です。同じ動きかたでも、異なる情況では異なったコツとカンが働きます。運動形成は「身体で覚える」学習です。あるわざを身につけるために身体で覚えなければならないのは、変化する情況に対して、そのつど対応できるコツとカンを含む幅広い動感です。

　水たまりを跳び越すという事例で見ると、走って行って、そこで踏み切れば跳び越せると見通す場合、そのつど見通す動感がカンであり、この見通しに合わせて、走る動きから踏み切る動きを即興的につくり出す動感をコツといいます。走り始めてから、はじめに感じていたよりも水たまりが大きいと感じた場合には、走るスピードを上げたりすることもできます。

　さらに例を挙げれば、野球の外野手がバッターの打ったボールを捕るとき、バッターが打った瞬間にもう走り出しています。そのときにボールの落下地点をカンで読めるのです。ときには、高い空中にあるボールから一時目を離すことさえあります。このようなカンの能力も訓練によって身についたわざなのです。

　コツとカンはこのように、身体が覚えた（記憶された）動感が具体的な情況で「今」の動きかたをそのつど作り出すものです。

　多様な情況で、先を見通しながら動く努力が、幅広い可能性を含むわざを育てます。運動学ではコツとカンをこのようにとらえています。

（渡邉　伸）

［文献］
1）金子明友『わざの伝承』明和出版、2002、p.38-
2）L.ランドグレーベ著、山崎庸佑訳『現象学の道』木鐸社、1980、p.188

2．運動学の認識の源泉

（1）感覚すること

　自分が歩いているとき、歩いていると感じています。歩く動きに特徴的なリズムを感じています。特別な事情がなければ、そのまま歩き続けることが「できる」ことも確信しています。歩くといった、健常な人がいつでもできる運動では、普段このような事態が意識されることはまれです。しかし、スポーツの運動に見られるように、まだ、習熟の途上にある動きかたでは、この「できる」が感じられなかったり、不確かだったりします。この感覚を無視すればわざを身につける練習はできません。

　自分が感じている動く感じには価値感覚が含まれているので、自分がうまくいったと感じる運動は、仮に他人から否定されても、そのときうまくいったと感じたこと自体は間違えることができないのです。動いている本人に感じられている、自分の動く感じ、すなわち動感は後からの解釈や説明が入る以前の感覚であり、何の媒介もなく直接われわれに与えられています。ただひたすら感じているだけです。

　歩くという運動は、例えば競技するための規則では、両足が同時に地面から離れてはいけないと決められています。両足が離れたと外部から判定されれば、選手が歩いていたと主張しても認められません。規則違反になってしまいます。しかし、この場合でも選手自身にとって、歩いていたと感覚されていたことはこの選手にとっては疑うことができません。外から見た動きがどうであれ、その動きの感覚のさなかにいる人には、そのように感覚していること自体を疑うことができないのです。

　運動学では、動く人自身が自分の運動を「感覚すること」、すなわちそのつどの動く感じを認識の源泉としています。

（2）間身体性[①1]

　他人を見るとき、人間の形をした、例えば人形などを見るときとは異なった印象を得るのが普通です。あまりに遠くから見たりすれば、この印象は区別できないこともあります。この印象は、前項で示された「感覚すること」から得られます。この感覚は〈生きている〉ことを直接感覚しているのです。そして、その生きている身体の動きかたが、人形などの生命のない物の

①間身体性
身体性は、自身が感じる自分の身体が動感や様々な感情、衝動、感覚を生み出すことを意味します。間身体性とは、空間的には分離している他の身体と、上述の感情、衝動、感覚を通してつながっている現象をいいます。

動きかたと本質的に異なる感覚の印象であることによって、見ている自分と同じように生きている人間をとらえています。この感覚が人間の社会生活を基本的に支えています。

　友達の姿勢や歩きかたを見て、何か違和感のような印象を持つとき、「足痛い？」と思わず聞きたくなるような場合があります。「実は足首を少し捻挫して……」という返事に、動きの印象に感じられた違和感の理由を見出すときのように、私が離れて見ているだけの他人の動きに、その人の身体感覚が映し出されていたことを確認できる場合があります。反対に、見慣れていない、自分がやったことがない動きは、目を凝らして見ても、その人がどんな感じで動いているのかは見当もつかない場合もあります。

　動感は動いている本人しかその現実を感覚できないのですから、上の例のように、見ている私に他人の身体感覚が映し出されるような「間身体的」な経験には、他人の動きの印象のなかに、見ている私の過去の動感の記憶が反映されているのです。

　多くの経験を持つ指導者は、同じように「泳げない、泳いだことがない」という学習者たちでも、同じスタートラインから練習を始めません。それぞれの学習者の身体に宿る、水に関わる感覚の記憶が同じとは考えられないからです。多様な場面をつくり、そこで動く学習者の身体に寄り添って、「感覚すること」で個々の学習者の身体の動きに共鳴しようとする努力が、指導者の身体と学習者の身体の間に感覚的な通路を開きます。この努力によって指導者の身体も成長していきます。

　このように、他人の動きを感覚する間身体的な能力は、学習者の動きを指導者が共感的に把握し、学習者の身体に新たな動きかたを発生させる可能性なのです。

（渡邉　伸）

....

［文献］
１）山口一郎『実存と現象学の哲学』放送大学教育振興会、2008、p.124-

I 実践をとらえ直す

1. 「楽しい」という言葉をとらえ直す

（1）賭けの成立

[観察事例] 滑り台で遊ぶ

　公園の滑り台で階段を上ってはスロープを滑り降りるという運動を、何回でも繰り返している子どもの姿を目にすることがあります。大人の目線で見ると、「飽きもしないでよく同じことばかりを繰り返すことができるものだ」という感想を持つものです。しかし、一見同じような滑りかたも注意深く見ていると、少しずつ違った滑りかたをしていることに気づきます。手摺りの持ちかた、側壁への足の押し当てかた、体の傾けかたや姿勢などを変えて滑り降りています。ゴールでの立ち上がりかたにも、変化が見られます。勢いを止めてゆっくり立ち上がったり、滑る勢いそのままに走り出したりしています。ときには立ち上がりに失敗して地面に尻もちをついたり、前のめりに飛び出していったりすることもあります。その後もまた、階段を上っては滑り降りることを繰り返しています。

[関係する原理・本質法則] 賭け

　〈賭け〉という言葉の一般的な意味は、「結果を運にまかせて、思いきって物事をすること」「失敗したら大切なものを失う覚悟で、思いきって物事をすること」と示されています。しかし、運動遊びやスポーツの世界では、ランダムな結果に基づく〈運試し〉を楽しむことを意味しているのではなく、自分のなかで「自分の現状を十分に認識した上で、未来のあるべき自分自身になろうと決意すること」[1]という意味が的を射ています。

　遊びやスポーツとして行う運動は、健康保持、体力向上、美容、リハビリテーションといった目的を達成するために手段として行われる運動ではないということから、実用的な目的から解放された「脱目的性」[①2]という本質的特徴を持っています。その脱目的的な〈わざ〉としての運動には「できるようになりたい」「もっとうまくなりたい」という、望まれた運動の実現に向けての努力志向が内在しています。それは、人間の運動に本来備わっている本質的な可能性として、反復習練への原動力を意味しています[3]。

　子どもが公園で行っている滑り台を滑り降りる運動も、実用的な目的から解放された「脱目的性」の本質的な特徴を持っていることになります。その子どもが滑り降りる運動を何回も繰り返していたのも、手摺りを押さえた

①脱目的性
わざとしてのスポーツ運動は、逆説的ですが、何かの実用的な目的のために考案された運動ではない。かえって、実用的な目的に拘束されないからこそ、自由に工夫してその動きの習熟を高める可能性を持っている。

り、側壁に足を強く押し当てたりしたスピードの出ない滑りかたから始まり、「スピードにのって勢いよく滑り降りたい」「もっと格好よく滑り降りたい」といった欲求に基づいて、身体的な努力を続けていたに違いありません。その滑り降りる運動遊びの繰り返しのなかには、「未来のあるべき自分自身になろう」という賭けの姿を見出すことができます。

わざとして新しい動きかたがはじめてできるときには、その動きかたの動感形態[②4]が、どこで身体が覚えたのかわからないまま混沌としている多様な動感素材のなかから一つの〈まとまり〉として即興的に成立し、はじめて動く感じがメロディとして流れることになります。目指す動きかたの発生を求めて動きを反復しているときに思いもよらない〈まぐれ〉の成功が起こります。そしてその形態発生の瞬間は「この偶発性、〈今はこうだ〉というのはつねに秘密であり、そこでは偶然と秩序が背中合わせになり、観察者のなかには予期と不意打ちが絡み合っている」[5]とヴァイツゼッカーは指摘しています。

繰り返し現れる動感形態はその運動する主体の情況によって様々に姿を変えていきます[6]。競技会に出場する選手が練習では全くミスなく動くことができても、競技会の本番に対して一抹の不安をぬぐい切れない理由もここにあります。

一つの滑りかたのはじめの段階では、「どのくらいのスピードで滑るのだろうか」「ゴールでうまく立ち上がることができるだろうか」といった期待と不安を抱きながら滑り出している様子がわかります。滑るたびに一回前の滑りの感じをもとに、新たな滑りの感じを漠然と予感して、次の滑りを始める様子が見られます。その子どもは滑りを繰り返すたびに、望んだ滑りの感じに賭けをしていたに違いありません。その賭けはいつも的中するとは限りません。ゴールでの立ち上がりに失敗したときには、賭けが外れたことになります。

スポーツ運動の発生は、機械の動きとは異なり、いつもこの賭けの契機を孕んでいます。賭けが成立しているときが、まさに楽しいときなのです。そして、この楽しさが反復を誘うのです。

（神家　一成）

滑り台で遊ぶ子ども

②動感形態
様々な感覚素材が受動的であれ、能動的であれ、統一的に形づくられる動感志向形態のことである。いわば、それはわが身にありありと感じ取られる本原的な動感体験流のなかに統一的なまとまりとして直観される内在知覚と言い換えることもできる。

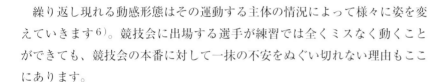

［文献］
1）『日本国語大辞典』小学館、1978、p.454
2）金子明友『スポーツ運動学』明和出版、2009、p.8
3）同上、p.78
4）同上、p.238
5）ヴァイツゼッカー著、木村敏・浜中淑彦訳『ゲシュタルトクライス』みすず書房、1995、p.279
6）金子明友『スポーツ運動学』p.245

1.「楽しい」という言葉をとらえ直す

（2）小さなけがは大きなけがを防ぐ

[観察事例] 高鉄棒の往復振動

　グラウンドの隅にある高鉄棒から少し離れたところで、仲間がやっている遊び（わざ）を沈んだ表情で見ている子どもがいます。その子どもの膝には、傷口を保護する大きなテープが貼られています。実はその子どもは前日に、仲間の格好いい動きを真似て、鉄棒にぶら下がって体を振っていたのですが、何回目かの前方への振り込みから後方に振れ戻るときに、鉄棒から手が離れて落下してしまい、膝を地面にぶつけてけがをしていたのです。その子どもは、しばらくそのまま仲間の動きを見ていました。そのうち、仲間の振っている動きを見ながら、振りの動きに合わせて手首を動かしたり、手を強く握ったり緩めたりし始めました。そうしているうちに、沈んだ表情はだんだん明るい笑顔に変わり、仲間のいる鉄棒の近くまで近寄っていきました。

鉄棒にぶら下がって体を振る

①動感能力性
私がそう感じ、そう動くことができるという、私の身体の可能的な動感意識の能力性。

[関係する原理・本質法則] 身体移入原理

　その子どもは、あこがれの仲間の動きを熱心に見ているうちに、他者の動きに自らの動く感じを移し入れて観察するという〈身体移入原理〉1) が働き、何回振っても落下しないで振ることができる「握り直し技術」のコツに出会い、まだ実際には鉄棒にぶら下がって振る動きはできていませんが、動きの感じをありありと描き出すことができたに違いありません。そうして、「こうやれば振り続けることができる」「私はそのように動くことができる」という〈動感能力性〉①2) を見出すことができたのでしょう。

　スポーツや体育の指導場面では、学習者に事故を起こさせないことや再起不能の大きなけがをさせないことに十分配慮して指導が行われます。しかし、遊びの場面や仲間同士で行う自由習得の場面では、事例のようにわざの練習に失敗してちょっとしたけがをすることはよくあることです。けがをして練習が直接できない状態になることは、マイナスにとらえられがちですが、実はそのことによって、他者の動きをじっくり観察する〈見取り稽古〉の機会を得ることになるのです。他者のわざを見抜いたり、失敗したわざの原因を見抜いたりすることは、自己のわざの習得や修正に役立つ大切なもの

を得ることにつながるのです。

[観察事例] けがの脚で階段を上る

　膝をけがした子どもは、日常生活での簡単な動作も思うようにできなくて、不自由を感じていました。最初に階段を上る場合にも、どちらの足を先に段上に上げればよいのかを迷いました。けがをした側から先に上げると、反対側の足を上げるときにその足一本で跳び上がるようにしなければ上がれません。反対側の足を先に上げると、けがをした足を後から容易に引き上げられることに気づきます。階段を下りる場合には、反対側の足から下ろそうとすると、けがをした膝が曲がり、痛みがはしります。けがをした足から先に下ろすと、反対の足を容易に下ろすことができます。少し横向きになって行う方がやりやすいことにも気づき、上り下りも徐々にスムーズにできるようになりました。

[関係する原理・本質法則] 反逆身体

　習慣化された日常の動作を行うときには、「～をしよう」と意識するだけで、その動きかたはすべて保証されているので、自分の身体や動きに意識を向ける機会はそれほど多くはありません。しかし、けがをした場合には、けがをした身体部位を使い慣れていない道具のように感じたり、自分の身体を背負っている荷物のように感じたりします。「こう動きたい」と思っているのに、「そのように動くことができない」、自分の身体でありながら自分に逆らう、いわゆる〈反逆身体〉に遭遇することになるのです[3]。この子どもも階段の上り下りのときに、きっと〈反逆身体〉に出会ったに違いありません。そのときに、試行錯誤しながら上り下りできるコツをつかみ、〈反逆身体〉と共生して不便な生活を克服していったのです。〈反逆身体〉に関わる営みは、新しい動きを身につけるときや、強い緊張状態を伴う試合本番でのプレイ場面などでも顕在化することがあります[4]。

　けがをして不自由な生活を強いられる間は、練習活動を直接行うことはできませんが、日常生活運動を支障なく行うために自らの身体に向き合う経験を積み重ねることになり、この経験がその後の練習活動に生かされます。

（神家　一成）

[文献]
1）金子明友『スポーツ運動学』明和出版、2009、p.316
2）金子明友『身体知の形成・下』明和出版、2005、p.44
3）金子明友『わざの伝承』明和出版、2002、p.235
4）金子明友『身体知の形成・上』p.316

2. 学習者と指導者の関係をとらえ直す

（1）学習者の私にとっての指導者

[観察・指導事例] できる人と教えられる人

　運動指導の経験が浅い指導者は、自分にとって苦手な動きや一度も体験したことのない動きを教える場面では、かなりのプレッシャーを感じます。例えば、スキーを指導する場面で、学習者から「パラレルターンを見せて」といわれ、それができなければ、がっかりされてしまいます。さらに、その指導者がターンの動きの感じをわかっていないと指導にはなりません。

　その意味で、指導者養成に実技の学習は不可欠です。本を読んでも、運動指導に関する客観的知識を得ることは可能ですが、スキーターンの主観的な感じは、実際に雪の上で滑らないとわかりません。体育の授業では様々な動きを教えますが、指導者を目指す人は、自分の得意な動きだけでなく、むしろ苦手な動きや経験のない動きも積極的に学ぶようにしたいものです。

　しかし、動きが上達すれば教えられるのでしょうか？　動きがうまい人は学習者に見本を見せることができます。学習者にとっては、自分のやりたい動きを見せてくれるのですから、その人はあこがれの存在になるでしょう。けれども、見本を見せて、「あとは自分で練習しなさい」というだけで、どうしたらその動きができるのかを教えないとしたら、指導はそこでストップしてしまいます。「名選手必ずしも名コーチにあらず」といわれる理由もそこにあります。

　そもそも、動きが上手な指導者にも初学のときがあったはずです。スキーの初心者は雪の斜面に立つ不安定感や転倒する恐怖感を感じるでしょう。スキーが上手な指導者はその気持ちを忘れずにいるでしょうか。もちろん、運動指導において示範[1]を行う際、あたかも初級者のように滑ったり、転んだりできるスキー指導者はいます。しかしそれは、欠点を意識的に見せているのであって、本当にへたなわけではないのです。

　それゆえ、技能の高い指導者が技能の低い学習者に出会うときには配慮が求められます。それは、指導者がこの学習者の〈できない〉の中身を理解する努力を放棄しがちだからです。さらに、技能の高い指導者は未熟な学習者に対して、「なぜこんな簡単なこともできないのか」と思ってしまうこともあります。

　運動指導では、学習者の上達に指導者は責任を持たなければなりません。

[1]示範
動きかたを実際にやって見せる、あるいは映像などで見せることをいいます。その際、こうやってほしいというお手本的な示範もあれば、こうなっているからよくないという欠点指摘の示範もあります。

学習者ができないのは、学習者のせいではなく、指導者の教える能力が低いからだと考えるべきなのです。運動が得意というだけで優秀な指導者になれるわけではありません。

[関係する原理・本質法則] 身体移入原理と共動感化原理

しかし現在でも、学習者がやる気をなくせば、学問的な根拠に基づくこともなく短絡的に努力、忍耐、根性といった精神論を唱え、あるいは学習者がうまくならないことに腹を立て、「自分は正しい動きかたを教えているのに、どうしてお前はわからないんだ」と、つい学習者に手を出す指導者もいるようです。

残念ながら、そのような暴言や暴力的指導でも、できるようになる学習者がいるのも皮肉な事実です。しかし、それがエスカレートすれば、学習者は意志がないロボットのようになっていきます。スポーツ科学が発達した今日でも「上達する手段は問わない」という誤った考えのもとで、指導とはいえない、学習者の人間性を無視した体罰やいじめが社会問題になることもあります。

なぜこのようなことが起きるのかというと、動きの習得は基本的に「自得」[2]にあると思われているからだと考えられます。自分の動きは、他人が自分に代わってやってくれるわけにはいきません。自分でうまくなるための動きかたを身につけたからこそ、動きが上達するのです。たとえ、指導者がうまくなるための動きかたを教えても、学習者はそれを頭でわかってすぐに身体でできるというようには必ずしもなりません。むしろ、頭でわからないまま身体でできてしまうことがあるのです。

指導する能力が低くても、学習者の自得能力が高いため、つい勘違いして自分は有能な指導者だと思ってしまう人がいるかもしれません。そして、動きがうまくできたのは、「怒鳴ったからだ」とか「叩いたからだ」ということが正当化されてしまうのです。指導者が感情にまかせて発した言動は、動感を伝えることに関係していないことを知らねばなりません。

動きは本来、どのようにできるようになるのか・うまくなれるのかという動感形成のプロセスを知り尽くそうと努力することが、指導者には求められます。その上で、指導者は、教える動きを目の前の学習者の身になって感じ得るようにすることが大切です。つまり、「動感出会い基本原理のもとで、指導者が自らの身体を通して観察し、交信する身体移入原理や一緒に同じ動感世界に共生するという共動感化原理が理解され」[1]なければなりません。そのような指導者と学習者の人間関係が、運動指導の場面では求められているのです。

（岡端 隆）

②自得
自分の動きは自分で覚えるしかないということ。

［文献］
1）金子明友『スポーツ運動学』明和出版、2015、p.303

2. 学習者と指導者の関係をとらえ直す

（2）指導者の私の身体と学習者の私の身体

[指導事例] 学習者の身体を理解すること

　私たちは、人間の身体がどのように動いているのかを外から観察することができます。もし、動きが速くて見えにくい場合でも、ビデオ撮影をして、スローモーションやコマ送りで見れば一目瞭然です。

　しかし、学習者の動きの動感そのものは目に見えません。さらに、学習者の動きが、無意識的にそうなってしまうのか、それとも意識的にそう動こうとしているのかは、動感意識として決定的な違いがあります。前者では本人が動感を意識できないので、例えば、指導者が修正指示を出しても、その言葉は空回りします。動きの修正指示は、学習者本人がその修正すべき点の動感を意識できる場合に役立ちます。

　図は、中学生Ａさんのマット運動1時間目の授業での「伸膝前転」です[1]。このとき指導者は、Ａさんに対して、まず自分が行った映像は見ないで、感じたことをそのまま画にして描いてごらんと指示を出しました。そうすると、Ａさんは、起き上がり局面（図④〜⑤）で膝の伸びた画を描きました。しかし、外からの観察や映像上では膝の伸びた状態は確認できませんでした。

　そこで、指導者がＡさんに質問したところ、「自分では、演技中にひざが伸びているイメージで行っていた。練習をする中でスムーズに起き上がれないのがわかっていた。しかし、脚を伸ばすイメージで行わないと技にならないと思ったので、伸ばすことを意識したし、演技終了後は自分ではあまり曲

　Ａさんが描いた画と映像

がっているような感じはしなかった」[2]と答えました。つまり、映像上ではっきり膝が曲がっているにもかかわらず、Aさんの動感意識では膝は伸ばしていたし、あまり曲がっていなかったのです。

　指導者が客観的な事実から学習者の私の身体を判断するだけでは、その動感の内実に迫るのは難しいのです。また、外見上膝が曲がっているからといって、Aさんが描いた画や話した内容は間違っているのではありません。そうではなく、Aさんがどうしてそのような動感を持つに至ったのかを読みとることが大切なのです。

[関係する原理・本質法則] 創発と促発の相補性

　一般に、学習者は自分にとって最短の習得方法を求めます。仮に、その学習者が、動きに狂いもなく順調にうまくなるのならば、すばらしいことです。

　けれども、そのような学習者が指導者になった場合、それがかえって仇になる場合があります。なぜなら、自分と違って、他人は必ずしも順調に進むとは限らないからです。むしろ、その指導者にとって必要だった練習のメニューが、ある学習者には不要だったり、逆に、その指導者には不要だったメニューが、ある学習者には必要なこともあります。

　つまり、一方的に指導者自らが歩んだ習得手順や、そこで得た私的なコツやカンを指導するだけでは、多様な学習者たちの動感世界に対応していくことはできません。名指導者といわれる人の身体は、できないところからどうやってできるようになろうとしているのかという、プロセスの経験に裏打ちされている必要があります。しかも、その経験を多種多様に積んでおくことが大事です。

　指導者を目指す人は、自分が動きを覚える（創発）ときに、その動きを伝える（促発）ことができる覚えかたを心掛けることです。この創発能力と促発能力の相補性の観点に立てば、こうやっても、ああやってもうまくいかないなど、動きの習得が順調にいかないことも、指導者になる糧にもなります。それゆえ、運動が苦手だった人でも名指導者になる可能性は十分にあるのです。

　一方で、運動が得意だった人も、その練習の仕方次第でもちろん名指導者になれます。つまり、できたと思われる動きにも決して満足せず、どんな悪条件下でも必ずできるように、敢えて自分から多難な課題をつくって練習に取り組む人も、未来の指導者としての素質を磨いているといってよいでしょう。

（岡端　隆）

....

［文献］
1）松田真幸・岡端隆「デジタル時代だからこそ動きの感じを手書きで描く─『動感画』を活用したマット運動の実践」体育科教育 64-2、大修館書店、2016、p.53
2）同上、p.52

3. わざを伝える「方法」をとらえ直す

（1）一人ひとりの私の覚えかた

　運動の指導場面では、指導者は学習者（児童、生徒など）に対して、動きかたのポイントを教えたり、学習者の動きに見られる欠点を指摘し、それを直させようとします。少なくとも、学習者がまだうまくできない運動（例えば、逆上がりやバスケットボールでのシュート、サッカーのドリブルなど）を指導するときには、学習者にとって指導者の的確でわかりやすいポイントの指摘は重要です。しかも、指導現場で実際に指導者が学習者に対して与える動きのポイントは、例えば、重心の移動の特徴や腰回転のスピードの速さ、ピッチとストライドで説明される走りかたのフォームに関する科学的な原理やメカニズムではなく、学習者が「感じ」で納得できるようなものであることがほとんどです。このことは指導場面に目をやれば、ごく普通のことです。

[指導事例] マット運動の倒立

　例えば、マット運動の倒立を教える場合に、指導者が次のようなポイントを指摘することはよく見られることではないでしょうか。すなわち、手は肩幅に着き、マットをよく見るようにすること、肘を伸ばすこと、身体は反りすぎないようにすること、などです。これらのポイントを学習者に向けていう場合、指導者はまずは一般的な注意点としてこれらのポイントを強調するかもしれません。しかし、学習が進むなかで、いろいろな欠点が見られる学習者ごとに、個別にこれらのポイントをさらに具体的に指摘していくものです。例えば、肘が曲がって顎が上がってしまうようなA君に対しては「こんな風に肘を伸ばしてごらん」とか、また手をマットに着いたときに頭を腹屈してマットを見ることをしないB君には「マットに手を着くときには自分の手を見るようにしてごらん」などと、個別にそれぞれの学習者に適した内容をアドバイスしていくものです。

　しかし、このようなポイント指導やアドバイスが与えられたからといって、すべての学習者がすぐに同じようにその動きができるようになるわけではありません。同じポイントを教えても、そのポイントでできてしまう子、あまり動きに変化が出ない子、かえって動きがおかしくなってしまう子も出てくる場合もあります。

[関係する原理・本質法則] 個別の動感世界

　このような指導現場に目をやって見落としてはならないのは、学習者は一人ひとりの性格、感じかた、考えかたから、動きができるようになるために常に自分の動きをとらえ、その動きの良し悪しの「感じ」を自分の「感じ」として取り上げていること、指導者から欠点が指摘されれば、それを自分の動きの欠点として、その欠点をなくそうとする、ということです。つまり、学習者が動きを覚えるときには、学習者はそれぞれ一人ひとりの自分の「動きの感じ」と向き合い、その「動きの感じ」に支えられた私の覚えかたをしている、ということです。

　この「動きの感じ」が学習者一人ひとりの私の覚えかたを左右しているのであり、指導者が学習者に対して動きを指導しようとするときには、学習者ごとの「動きの感じ」があることを前提に指導していくことが重要です。学習者がこの「動きの感じ」を前提として目標とする動きを習得することは「創発」と呼ばれます。創発においてこのような「動きの感じ」があることは、練習における反復を支える重要な機能を持っています。学習者は目標とする動きができるようになるために練習するのですが、練習とは基本的に技術を身につけるための反復行為を意味します。運動学的立場からこの練習において強調すべきことは、練習における反復行為には動感反復化原理が働いている、ということです①1)。学習者はどんな「感じ」で動けば目標としている「動き」になるのか、あるいは近づくのかということを意識して試行します。このようなとき、学習者はそのつど、一回前のうまくできなかった「動きの感じ」ではなく、それとは違ったできそうな「動きの感じ」を模索し、試行を重ねるのです。ある「感じ」でやってもうまくできなければ、また別の「感じ」を模索してやってみる、ということです。練習における反復では、最初から回数を設定して行う単なる繰り返し（機械的反復）ではなく、毎回、指導者からアドバイスを受けて、自分なりのよい「動きの感じ」を求めて（内観）、以前のできなかった「動きの感じ」との差を埋めようとする反復（内観的反復）が重要なのです。このとき、学習者は自分の今行った動きと「動きの感じ」に向き合おうとする自己観察②2)をしていることを意味します。自分の動きを繰り返すという反復練習は、この自己観察を前提として、毎回の「動く感じ」の違いを摺り合わせようとし、その違いを埋めていき、そこで求めている感じに達しようとするのです。動きができるように学習者一人ひとりが私の覚えかたとして行う反復という行為を活性化させているのは、自己観察によって取り上げられているそのつどの「動きの感じ」の差なのです。

　　　　　　　　　　　　　　　　　　　　　　　　　　　（佐野　淳）

①動感反復化原理
「動く感じ」の違いを埋めようとして繰り返すという原理。

②自己観察
自分が行った動きを自分の「動きの感じ」から観察しようとすること。

［文献］
1）金子明友『スポーツ運動学』明和出版、2009、p.241
2）同上、p.104-

3. わざを伝える「方法」をとらえ直す

（2）指導者ごとの伝えかた

　学習者に望ましい動きを発生させようとする指導者は、基本的にかつて自分が運動を覚えたときの感じや感覚、ポイントなどを前提としています。サッカーでのボールの蹴りかたやバレーボールのパスの仕方、陸上競技の短距離走の走りかた、走り幅跳びの踏み切りの仕方、また鉄棒の逆上がりの仕方など、専門家から教えてもらったポイントや技術書に書かれている一般的な内容がもちろん含まれますが、また一方で、かつて自分ができた、あるいは練習したときのやりかたや感覚を織り交ぜて学習者に教えているものです。

[指導事例] 鉄棒の逆上がり

　例えば、指導者が次のようにして教えることはよくあることだと思います。児童に低鉄棒で逆上がりを指導するとき、鉄棒の握りかたはこのように握ること、そのときあまり力まずに鉄棒を握ること、鉄棒は軽く指をひっかけるような感じで握ること、前に踏み込むときには「とんとん……」というリズムで、などとアドバイスして教えるものです。そこで学習者に与えているこれらの動きかたのポイントやアドバイスの内容は、少なくともその指導者にとっては、教えてもらった、あるいは、自分のそれまでの経験から、逆上がりができるようになるためには当然のポイントだと考えられているものです。またよくあることですが、指導者が「とんとん……」というリズムでの踏み込みかたをいっても、それが学習者にうまく伝わらないこともあります。また鉄棒の握りかたといっても、望ましい握る感覚や力の入れかたなどを学習者に伝えることがうまくいかないこともあります。それらの感覚については学習者の感覚に任せてしまい、ちゃんと教えることがないこともあるものです。

　運動の指導では、指導者自身がそれまでにどんな運動を身につけてきたのか、どんな動きが苦手なのか、児童・生徒や選手の前で示範ができるのかそうでないかは、指導者のその運動に対する"考えかた"（どの動きを強調し、どんな出来映えを目指すかなどの動きに対する指導者の考えかた）となって、動き方のポイントのその指導者独自の伝えかた、教えかたを形成しています。このようにして形成された運動の考えかたの違いによって、学習者に対する動きの伝えかたにも指導者ごとに違いが生まれます。

[関係する原理・本質法則] 指導者の借問

　このように動きの指導をするときには、通常、指導者は示範したり、動きのポイントや動きのリズム①や動きのメロディ②を言葉で表現したり、またわざ言語③を使ったりします。これらの方法によって学習者に望ましい動きを発生させることは「促発」と呼ばれます。促発のために用いられるこれらの方法、言葉の使いかた、動きかたのポイントの強調の仕方は指導者によって違います。

　しかし、このような促発の場面においてどの指導者にも必要なことは、さらに学習者に自分の動きかたの良し悪しなどの問いかけをしていくということです。例えば、「今のはどんな感じだった？」「よい感じだった？」「どの辺が難しい？」「どんな感じでやろうとしているの？」などと問いかけていくのです。動きの指導において、このように学習者に学習者自身がどのように行ったのか、そのときの感じや意識を聞いていくことは極めて重要なことです。それは、学習者自らに自分の動きを見つめさせ、分析させることになるからです。また、過去にどんな練習をして、いつから怖くなったのかなどの学習者の運動生活史④を聞き出すことも大切です。動きは基本的には自分で覚えていくもの（自得）ですが、指導では学習者に自分の動きの状態を理解させ、目指すべき「動きの像」を具体的にイメージさせていき、それを練習に生かすように仕向けていくことが重要です。

　ここで指導者が学習者の感じや意識を聞き出したり、それに対して学習者に指導者の動きかたの考えかたを示したりすることは、いわば、学習者の動きをめぐって議論しようとしていることを意味し、学習者が自分の感覚や意識内容を整理していく上で大きな役割を果たすことになります。運動学ではこのときの指導者から学習者へ問いかけることを「借問」⑤1）と呼び、指導者が動きを指導する際の不可欠な要素と位置づけています。この借問には借問できるだけの能力、すなわち、その動きに関する豊富な知識や考えかたを持っていることが必要です。また、それは学習者自身の動きかたをめぐって、学習者との議論を指導者の方からそのきっかけをつくることができる能力でもあります。この借問では指導者が学習者の意識や感覚に入っていけること、すなわち、身体移入原理2）が機能していることが重要です。学習者に向けて問いかける際、指導者はただ単に動きについて質問するのではなく、学習者の意識や感覚に入っていってその意識や感覚を感じることが前提になっている、ということです。動きの教えかたや伝えかたが違っても、このような身体移入原理を働かせた借問は、学習者に動きを伝え、よい動きかたを促発しようとする指導者には必ず求められるのです。　　　　（佐野　淳）

①動きのリズム
動きを成立させる内的な力動性。

②動きのメロディ
動きの内的な経過の仕方や流れかた。

③わざ言語
「開く」「落とす」「間をつくる」など、動きを発生させるのに必要な独特な言葉。

④運動生活史
運動者がどのような運動の覚えかたをしてきたか、そこにどんな障害となる問題があったか、またそうした過程でどんな意識や感じが取り上げられてきたのかという、運動者の動きの習得の歴史。

⑤借問
学習者が自分の動きを詳細に分析してその動きが実際にできるようになるために、指導者が学習者に対して学習者自身の動きの感じに問いかけていくこと。

［文献］
1）金子明友『身体知の形成・下』明和出版、2005、p.198-
2）金子明友『スポーツ運動学』明和出版、2009、p.314-

Ⅱ コツとカンの世界

1．わざは身体で覚える
（1）わざは自分の身体でしか覚えられない
（2）コツとカンは身体でわかる
（3）一人ひとりの私の身体

2．わざへの関心を育む情況をつくる
（1）なじみの場をつくる
（2）動きやすい道具環境をつくる
（3）動くことに夢中になる

3．わざの不思議はわざの魅力
（1）他人のわざに不思議を感じる
（2）私もやってみたいと感じる
（3）どんな感じか探ってみる

4．コツとカンの習熟の「質」を知る
（1）まぐれ位相
（2）図式化位相
（3）修正化位相

1. わざは身体で覚える

（1）わざは自分の身体でしか覚えられない

　ここで主題化される〈わざ〉とは、私たちの社会のなかで生まれ、伝承され習練対象となるわざを意味します。オリンピック選手の磨き上げられた〈わざ〉から、日常生活で覚える「ペン回し」のようなわざも含むことになります。このような幅広いわざの世界ですが、共通していえることは、それは自分の身体を動かす営みの成果であることです。そこでは自分の身体を駆使した〈動きかた〉を覚えることになります。

　そして、わざの練習の場面では、うまく動かない原因を見つけると先生は「そこをもっと意識して」と指摘します。ところがこの意味がわからない人は、「どう意識するのか」ということにつまづきます。先生から指摘された言葉を心のなかで復唱することを、「意識して練習する」という意味でとらえる人もいますが、言葉を念じても思うように動けるはずもありません。そこでは、「どう動くか」という〈動く感じ〔動感〕〉に〈志を向ける〔志向性〕〉ことが求められています。〈動きかた〉の指摘には、〈動く感じ〉という意味が隠れているのです。

［指導事例］ 伸膝前転の膝曲がり

　伸膝前転で立ち上がりのとき「膝が曲がっている」と指摘されることがあります。自分では「膝を伸ばしている」という感じであれば、「伸びている膝を伸ばす」という矛盾と向き合うことになります。先生は「膝が曲がっている」と指摘し、学習者は「膝を伸ばしている」という〈動く感じ〉ですから、いつまでも平行線です。そのようなことを繰り返すうちに、「わかった」といって、曲がっている膝が伸びることがあります。聞けば「こんなに力を入れないと駄目なのか」ということを学習者は発見したようです。

　先生は動きの欠点を外部視点から指摘したのですが、その指摘は「膝を伸ばす」感覚を伝えてはいません。学習者が自分で新しい動く感じを発見したのです。それでも「先生が指摘したからできた」というなら、「同じ指摘を繰り返しているうちにできるようになった」という現実はどう説明されるのでしょうか。「何度も同じ指摘を聞いているうちにできるようになった」という回数と時間のなかで、本人の何かが変わったはずなのに、「指摘したらできた」という〈因果関係〉が成立するはずもありません。

①動機づけ
一般に他人が生徒のやる気を引き出す「言葉がけ」などを、〈動機づけ〉と呼びますが、私に「やってみたい」という動機が生まれなければ意味がありません。どんなに他人からいわれても、それを受け取り、やる気になるのは一人称の〈私の動機〉であることに注意しなければなりません。

[関係する原理・本質法則] 一人称の動機づけ①

　このようにわざを身につけようとするとき、必然的にそこには「覚えたい」という〈私の動機〉があります。ところが体育の授業などの「できなければいけない」運動課題では、ときには「覚えたい」という動機が生まれない場合もあります。「授業の課題でやらなければいけないから」という一見無機質な動機に塗りつぶされている場合もあるようです。でも、そこで「やってみる」という行動に至るのは、無意識のなかで「できるようになりたい」という動機が働いています。ですから「やりたくない」といっても、そこに居合わせていれば、自覚がなくても無意識に〈わざ〉を覚える動機が学習者のなかに潜んでいるのです。

　そこから「どうしたらできるようになるのか」という〈わざ〉を覚える難題に立ち向かうことになります。「やってみたら、すぐにできた」ということはまれで、普通は自分の思い通りに動かない〈反逆身体〉[1]の存在に気づくことになります。「あれ、おかしいな」「こうしたいのにできない」というように、自らの手足は自分の思うように動きません。そこで、何度も挑戦する練習が始まるのですが、仲間が次々とできていくなか、一向に覚えられない人はどこに問題があるのでしょうか。自分の思い通りに動かない〈身体経験〉[2]は、どうしたら思い通りに動く身体に変化していくのでしょうか。

[関係する原理・本質法則] 動感に志向する

　生まれたときは歩くことも走ることもできなかった私たちですが、なぜこの場で決定的な差が生まれるのでしょうか。多くの手を尽くしても「できない」という結果は、最後に〈才能〉という原因に結びつけられることがよくあります。ところが、その〈才能〉の中身を問われると言葉に詰まってしまいます。その理由は、「私たちはどうして運動を覚えられるのか」という〈動感〉の学習問題がよくわからないからです。そのことを学問として解明しているのがスポーツ運動学ですが、〈動感〉という運動感覚意識の問題は〈科学的思考〉では理解できないからやっかいです。

　「才能がない」というできない原因を語っても、特に体に異常はないのに「できていた運動が、急にできなくなってしまった」という場合は、才能が消えてしまったのでしょうか。また、「できない」ことを「才能がない」と単純に語れないリハビリテーションなどの世界もあります。

（金子　一秀）

［文献］
1 ）金子明友『身体知の形成・上』明和出版、2009、p.200
2 ）金子明友『運動感覚の深層』明和出版、2015、p.26

1. わざは身体で覚える

（2）コツとカンは身体でわかる

　伸膝前転で自分で膝を伸ばす新しい感覚を発見し、何度やっても膝が伸びるようになると、私たちは「コツをつかんだ」といいます。やがて自分のコツを意識しなくても、膝が伸びるようになります。そうして〈身体化〉①1されたコツは無意識の世界に隠れ、熟練に向かって新たな動きかたの問題を解決するコツを探すことになります。コツは一つの運動に一つではなく、熟練に向かってそのつどの問題を解決する多くのコツと出会い、身体化され無意識の世界に沈み込んでいきます。ところが、まだ無意識の世界でコツが〈身体化〉しないうちに、早足に次の動きかたの問題を解決しようとすると、「ここを注意するとあそこがおかしくなる」「あそこを注意するとここがおかしくなる」など、コツが混乱して運動が全くできなくなることがあります。

[観察事例] けん玉のコツとカン

　コツを簡単に言い表せば「どう動くか」という動きを発動する要(かなめ)の意識です。例えば、けん玉で剣先に玉を入れる「とめけん」のわざを覚えようとします。そのとき、落ちてくる玉の穴に剣先を向けて待つのではなく、逆に剣先を動かして玉の下から穴に刺すようなコツを使います。さらに、うまい人は、膝でタイミング取るコツを使います。「手をどう動かすか」「膝をどう動かすか」という私の動きかたに向かう動感意識を〈コツ〉と呼びます。

　一方で「どうなっているか」という、情況をとらえる動感意識を〈カン〉と呼びます。コツは自分の動きかたに志向し、カンは情況を志向しているのですが、それらが絡み合って一つの〈動きかた〉ができるようになるのです。コツとして、玉を上にあげようと糸をピンと引っ張った瞬間、その手応えをカンがとらえ、玉の高さを読むことになります。その玉の高さがカンでとらえられるから、剣を玉の下に動かすコツが働くのです。コツとカンは〈一元化〉して私たちのわざの動きを支えていますから、「とめけん」の練習をしているとき、「タイミングが違う」「剣がうまく刺さらない」など自らの動きを反省しながら、〈コツ〉と〈カン〉の〈出会い〉が身体でわかってきます。

［関係する原理・本質法則］ コツとカンに気づく

　横断歩道を渡るとき、遠くの車を見て「渡れる」とカンがとらえるから、歩いて渡るというコツが機能します。ところが思ったより車の速度が速かったと〈カン違い〉に気づくと、急に走ることになります。カンによる〈原因〉がコツを機能させる〈結果〉をもたらすという因果関係を考えたくなりますが、未来に原因を成立させる因果の破綻になかなか気がつかないようです。「足を痛めている」などの身体状態は、いつものコツが機能せず、うまく歩けないことは、いつもなら渡れるカンを「渡れない」という判断に変えます。このようにコツとカンは異なる役目を持ちながら、両者は〈絡み合って〉2)、私たちが動くことに一緒に関わっているのです。

　このように情況を判断して動くことは、日常では意識にのぼらず後でわかることです。何気なく身体が大丈夫と感じるから歩いて渡るし、「えっ」と身体が危機を感じるから走るのです。無意識が意識に先行して身体を動かす〈受動的総合〉3)という、やっかいな難題を抱えているのが私たちの運動なのです。

　「無意識で運動は構成されるのだから、ただ反復をしていれば自然に覚える」から、言語的思考のままならない幼児でさえ、失敗や成功を繰り返しているうちに〈まり突き〉を覚えることができるのです。意識的にコツを覚えることは〈運動伝承〉に極めて重要であるといっても、無意識でも覚えられる運動を他に伝えるためだけに、〈意識的にコツを探す〉苦労をする人はいません。意識的にコツをとらえることはなぜ必要なのか、無意識で動きを覚える世界に意識的に関われるのかという疑問が湧いてきます。

　逆上がりが上がらない子どもが練習しているとき、「あ、もう少しでできそう」ということがあります。逆上がりが上がるという〈成功体験〉がないのに、「できる気がする」というのは、単なる空想なのでしょうか。誰もが経験したことがある「できる気がする」ことは、自分の身体のなかにありありと、できる動きの感じが溢れているのです。それは〈反省に先立って構成される〔先構成〕〉②4)無意識の〈動く感じ〉が意識にもたらされるからです。意識的にコツをとらえることも、〈今ここ〉にその実際の動感が発生することであり、〈時間意識〉③5)のなかでその動感は、無意識に構成される〈動く感じ〉を〈充実〉6)させることになるのです。だから身体で〈コツ〉や〈カン〉を感じながら、それを確かなものにしていくには、意識的に自分の動く感じと向き合う必要があるのです。　　　　　（金子　一秀）

②先構成
まだ運動を行う前の意識として、「できる気がする」「できる気がしない」という〈動きかた〉の意識が自覚にもたらされることがあります。それは、「何がどのように」という意味の枠組みが、自覚以前に自分のなかですでに構成されていることになります。

③時間意識
時計で測る時間〔物理時間〕とは別に、自分の意識のなかで構成される時間を意味します。時計の針は〈現在〉しか示せませんが、時間を見ながら「開始から何分経った」「あと何分で終わる」というとき、それは過去や未来と現在の時間の〈あいだ〉を読む意識です。それは、現在と過去・未来を重ね合わせた意識です。

〔文献〕
1）金子明友『運動感覚の深層』明和出版、2015、p.125
2）同上、p.125
3）同上、p.53
4）山口一郎『現象学ことはじめ〈改訂版〉』日本評論社、2012、p.109
5）同上、pp.65-76
6）同上、pp.39-45

1. わざは身体で覚える

（3）一人ひとりの私の身体

　運動を見抜く眼のある指導者は、「なぜ、できたのか」と生徒に質問をして、自分の身体と向き合いコツとカンをつかませようとします。コツをつかんだ生徒は「次もできる」と未来の成功を断言します。まだコツと出会えない生徒は、できても「できたけど、まだできていない」といいます。ところが、「できた」という現実は自分の身体が動いたのだから、今できないのは身体の問題ではないと考え、心の問題へと向かいたくなります。こうして、例えばとび箱の前で立ち止まる子どもに「勇気がない」「やる気がない」と、形式的な〈言葉がけ〉が独り歩きしていくのです。走り出す決断をした本人が「なぜ立ち止まるということに至ったのか」という〈動感身体性〉①1）の問題を見落としてはなりません。その本質的な動感問題の解決に向かわない限り、そこから抜け出せなかった子どもは体育嫌いになってしまいます。

［観察事例］衝動をとらえる

　とび箱で6段跳べたことは、自分で動いた成果です。ところが、次に跳べないと、「できたのにできない」という心の葛藤が生まれます。この葛藤がわざを覚えるために極めて重要な意味を持っています。「できたのだから、またいつかできるだろう」と自分の動きかたに無関心に練習を重ねる人もいますが、普通はなぜだろうという疑問が湧いてきます。「なぜだろう」と思うことは、「できるようになりたい」という〈衝動〉が裏支えになっているのです。しかし、「できた」という結果の回数に関心が向いてしまうと、やがて成功の出現回数が増えれば、未来も「できる」と考えてしまいます。「何かを覚えた」から「できた」のですが、その「何か」に関心を向けず、〈成功の確率〉だけが独り歩きをしてしまいます。

［指導事例］伸膝前転の膝を伸ばす

　例えば、伸膝前転で「膝を伸ばしなさい」という指摘は、膝を伸ばすという日常の経験と結びついています。その感じで判断すれば、例えば外力で曲げられるような激しい運動の場合、「膝を伸ばしているのに曲がっている」ということが生じます。もっと「強く膝を伸ばしなさい」という指摘で、自分の力の入れかたを改善できる人もいます。それでも力の入れかたがよくわ

①動感身体性
私たちの身体は、物質的な側面を持ち、一つの統一体を形成しています。そのなかで過去の経験などが積み重なって、今の動感身体が形成されています。動感身体性とは、この歴史を背負った動感身体を意味します。

からない人には、例えば「膝のお皿を 10cm 上に引き上げる」といって、その場でやらせてみることになります。膝のお皿は力を入れれば上に上がりますが、10cm という課題を行うことは不可能としても、そのようにお皿を動かそうとすると、とてつもなく力を入れることになります。こうして、新しい膝を伸ばす経験は、学習者の動感問題の改善に関わっていくのです。

［関係する原理・本質法則］ 私のコツ

「できるようになりたい」という衝動は、「さっきと今は違う感じだ」「なぜ今のがよかったのだろうか」と、積極的に自らの動きの感じに関心を持つことにつながり、やがてコツをつかむことになります。それでも、動きの感じをとらえることがまだうまくない人は、いわゆる「違いに気づけない」レベルにいます。トップアスリートなどは、私たちに想像もつかないような細かな動きの感じの話をしますが、このような生徒の場合、「具体的に今どうして気づけるようにさせるのか」ということが、解決を迫られる指導現場の問題なのです。教えるのがうまい先生は、一言二言声をかけるだけで「あ、わかった。さっきと確かに違う」というように、生徒の〈気づく能力〉を開示させます。いったい、どうしてこのようなことが起こるのでしょうか。気づけなかった生徒でも、自分の〈動感〉に志を向けて何とかわかろうとしていたはずですから、先生の指摘は生徒の〈動感身体性〉に変化を生じさせたことになります。

「僕はこうしたらうまくできた」「私はこうしたらうまくできた」など、同じわざができたとき、人それぞれ違う〈コツ〉を語ることがあります。それは、それぞれ運動がうまくできる〈私のコツ〉を発見したのです。わざを覚えるとき、そこには、それぞれの〈動感問題〉が絡んできますから、その人なりのコツというのがあるのです。「教えるのがうまい」といわれる先生は、それぞれの〈動感身体経験〉を見抜き、伝えたい〈動く感じ〉をいろいろな方法で表現することができます。例えば、猫背のような姿勢を求めるとき、「背中を丸くする」「胸を含む」「息を吐く」「肩を前に出す」など、その動きかたに志向するいろいろな表現を使います。言葉で足りなければ、実際にそのような姿勢を行わせてみたりもします。こうして、実際にそのような姿勢が〈動く感じ〉でとらえられたとき、生徒は新たな発見をすることになります。身体条件を比べればさほど差のない仲間同士でも、「できる」「できない」という違いが生じるのは、このように自分の動感をとらえる能力に違いがあるからです。その能力は自らの〈動く感じ〉と向き合うことで向上していき、やがて一人ひとりのコツは、他人と共有できるコツの世界へとつながっていくのです。 （金子 一秀）

［文献］
1 ）金子明友『運動感覚の深層』明和出版、2015、p.204

2. わざへの関心を育む情況をつくる

（1）なじみの場をつくる

　体育の授業やスポーツの練習のなかではじめて学習の対象となるわざに向き合う場面では、学習者はそのわざや運動課題、技術的なポイントなどについて教師やコーチが説明するのを聞いたり、示範（教師や他の学習者がそのわざを実際にやってみせること）を見たりしながら、そのわざがどんなわざなのかを知ろうとします。そして実際にそのわざをやってみることになります。

　ダンスの経験のない男子生徒やボールを投げた経験が少ない児童は、今日はダンスやボールゲームの授業だ、と聞いただけでも「なんとなく嫌だな」と感じるかもしれません。逆に「なんとなくやってみたいな」と思う児童生徒もいるでしょう。このようにわざや課題に向き合うときに「なんとなく」感じる（気分を持つ）ことが、わざのコツとカンの世界に入っていく出発点としてとても重要な意味を持っているのです。

[観察事例] プールになじむ

　夏の暑い日にプールで行われていた小学校低学年の「水遊び」の授業での出来事です。シャワーを浴びて準備運動を行い、教師が「プールに入っていいよ」というと、みんな嬉しそうな顔をして我先にとプールに入る児童もたくさんいたのですが、何となくおどおどと不安そうな顔をしてプールに入っていく児童がいました。教師が水慣れを意図して「最初は、水のなかで自由に歩いたり、走ったり、跳んだりしてみよう」といっても、その不安そうな児童は緊張して身動きせず、他の児童が水のなかで動いて飛ばした水しぶきが顔にかかると嫌そうな表情で何度も顔を拭ったりしていました。しかし、他の児童たちが楽しそうに水をかけ合ったり、プールのなかで走ったり跳んだりするのを繰り返したりしているうちに、強い勢いでその児童に何回か水しぶきがかかりました。すると児童の表情がふっと緩み、顔にかかった水を拭う仕草に嫌そうな様子が見えなくなりました。その後、児童は水のなかをゆっくり歩いていましたが、近くにいた友達に手をつないでもらうと笑顔で元気よく歩いたり、その場で何度もジャンプしたりして水のなかにいて浮力を楽しんでいる様子が窺えました。この児童の変わりよう（水になじんだ感じ）と、プール全体を包み

水になじむ（文部科学省『水泳指導の手引き』）

込む楽しそうな児童たちの雰囲気が印象に残りました（図）。

　ここで取り上げた小学校低学年のプールの授業の事例は、他の児童が楽しそうに動いている様子から生じる場の雰囲気と関わっていくうちに、全体を包む雰囲気から、不安だった児童が水のなかで「なんとなく動いてもよい」という気分を形成したものとして理解されます。このような「動いてもよい」という場の雰囲気を構成することに教師は意識、注意を向ける必要があります。

[関係する原理・本質法則] 動感形成の第一位相

　スポーツ運動学では、対象となるわざにはじめて向き合う学習の段階を「原志向位相」と呼んでいます。この位相では「なじみの地平」①1）をそれぞれの学習者が形成できることが不可欠であるといえます。なじみの地平とは、まず、その学習の場にいることが学習者本人にとって違和感がないようになることです。そこから、その場で行われる学習対象のわざに「関心」を持つということです。ここでいう「関心」を持つとは、対象となるわざに対して「何となく『嫌な気分はしない』」など、その運動世界を感情的に忌避しないというかたち」2）で、本人にも意識されることなく動く感じの共感が生じていることを意味しています。

　経験豊富なスポーツ選手の場合は、何か新しい動き（わざ）を身につけようとするときに、それまでに身につけた動感経験から、このわざがまだ自分の身体でできるようになる前から、どんな感じで動くのかを〈描き出すこと〉ができます。そこから練習の段取りをすることもできるのです。

　しかし、初心者の場合は、指導者がわざの学習に対して「やってみたい（やってみよう）」などの肯定的な関心を持って取り組むことができるように、学習者たちの様子を慎重に観察し、導くことが不可欠の仕事になります。この「やってみたい」という、まだ自覚されない衝動を支えているのが、そこにいて「なんとなく嫌な気分がしない」といった、明瞭には意識されない方向不定な雰囲気、気分としてのなじみの地平なのです。これは指導者のあるべき〈心構え〉といったものではなく、動感発生の前提となる基盤であり、学習者がわざに対して向き合う際に、その意識を浮き彫りにする「背景」としての構造を持つのです。

（木下　英俊）

①なじみの地平
「地平」とは現実の体験のなかで意識に現れるものの背景として隠れていて、かつ様々な仕方で現れる可能性を持つものを意味します。なじみという「地平」は、学習者自らの身体と情況（人、場所や用具、場の雰囲気）との関わりによって様々な現れかたの可能性を持っています。学習者の動く感じ（動感）の地平分析は、指導者の不可欠な能力といえます。

[文献]
1）E.フッサール、長谷川宏訳『経験と判断』河出書房新社、1975、p.99
2）金子明友『わざの伝承』明和出版、2002、p.418

2. わざへの関心を育む情況をつくる

（2）動きやすい道具環境をつくる

[指導事例] とび箱・台上前転

　小学校教員養成課程の大学生を対象に行ったとび箱運動の授業での出来事です。回転系のわざの一つである「台上前転」を縦4段の高さのとび箱（中学生用）で実施することが課題でした。学生たちはすでに行ったマット運動の授業で、前転ファミリー[1]のわざをある程度経験していました。予備運動の後、学生たちに縦3段のとび箱で台上前転を試技させました（危険防止のためにとび箱の両側に補助者を立たせていました）。そのなかで非常に動きがぎこちない学生を見つけました。両足踏み切りが不十分で腰が上がらず、前転で逆さになった状態で止まりそうになり補助者によって何とか足から着地できる、という実施でした。助走の終わりから踏み切りに入る場面で躊躇している様子で、恐る恐る踏み切っているように教師には見えました。教師が「マット運動の前転はできていたよね」と聞くと、学生は困った顔で「マットではできましたが、この台上前転は怖くてできそうな気がしません」と答えました。これらの様子から、学生には台上前転に対するなじみの地平が欠落していると感じられました。

[関係する原理・本質法則] 地平分析

　わざに対して「嫌だ」「怖い」「つまらない」という否定的な気持ちになって、わざを試みることに積極的になれない場合には、否定的な気持ちの根底に「なんとなく嫌な感じがする」「違和感がある」という意識されない気分や心情が隠れています。なじみの地平という基盤がないと、対象となるわざに学習者の動きの意識を積極的に向けることはできません。そのような状態で無理にわざを行わせても、また教師が熱心に指導しても、わざの獲得、つまりコツやカンが発生するのは難しくなってきます。仮に外見上は教師の熱心な指導によってそのわざに成功したとしても、偶然の成功に対して当人が「二度とやりたくない」[2]と感じることすらあります。これもなじみの地平の欠落によって生じかねない事態といえます。それゆえ指導者が学習者になじみの地平が発生しているかどうかを確認（分析）することは、極めて重要となってきます。

[指導事例] 新たな道具環境になじむ

　上述の地平分析から、この学生のために踏切板の先にとび箱2段くらいの高さになるようにセーフティマットとショートマット（運動方向の目印としてとび箱の幅より少し広い間隔に2本のラインを引いた。図1）を積み重ね、短い助走から両足踏み切りをしてマット上に前転するよう指示しました。少し勢いをつけて踏み切り、「高い場所」に手を着いて踏み切った勢いで前転するという、台上前転のベースとなる動きが怖くなくできることを教師は意図しました。何度か練習するうちに一連の動きのスムーズな流れが見られるようになり、教師が「これは大丈夫そうだね」と聞くと学生は「これなら怖がらないで前転ができます」と答えました。この課題に学生の違和感はなくなったように見えました。次にとび箱を2段にしてとび箱上にマットを被せて、助走、踏み切りからそのとび箱上で前転して着地するように指示しました（図2）。

図1　新たな道具環境

図2　進歩した道具環境

[関係する原理・本質法則] 動感処方

　学習者の動きの観察とやり取りを含めて、指導者の経験から、前転しながら台の上に上がれず踏み切り板の上に落ちること、また、上がれても、縦のとび箱からそれて横に落ちる可能性があることを感じていました。そこから図1そして図2のような道具環境を設定しました。学習者は「怖くない」といっていましたが、何が起こっても不思議ではない動きかたなので、失敗してなじみが消えてしまうことが一番懸念されました。しかし、それは杞憂でした。学生の試技はスムーズでした。学生の表情にも学習への積極性が感じられ、指導者の「動けているように見えるけど？」との問いかけに「動けている気がします」と答えていました。新たな道具環境になじむことができ、繰り返し練習できるようになったのです。

　道具環境になじめないままだと、励ましたり動きかたの指導をしたりするだけでは、学習者の意識が課題に方向づけられないことが少なくありません。このような場合に教師が器械や用具などの場の設定、課題の与えかたを工夫していくなかで、学習者に「なんとなく動いてもよい」という場へのなじみが形成され、それを基盤として課題を達成できるような動きかた、コツやカンに意識を向けることが可能となってくるのです。

（木下　英俊）

[文献]
1）金子明友『マット運動』大修館書店、1982、p.11
2）金子一秀『スポーツ運動学入門』明和出版、2015、p.155

2. わざへの関心を育む情況をつくる

（3）動くことに夢中になる

［指導事例・地平分析］スキー・トレーン

　大学生初級者グループを指導した5日間のスキー集中授業での出来事です。4日目の午前中までの授業で、学生たちは初級・中級者用ゲレンデをプルークボーゲン（スキーをハの字にしての連続ターン）で確実に滑れるようになっていました。またゲレンデ間の移動のような場面では、バラバラにならないようある程度まとまって行動できていました。

　最終日にグループでの「トレーン」（縦一列で前の人にできるだけ近づいて連続ターンを行う。図）を発表することになっていたので、4日目の午後にその練習を行いました。しかしいざトレーンをやろうとすると、最初は速く滑り降りる学生の後をついていけずに距離が開いたり、逆に前が遅くて後ろの学生がスピードを制御できず転倒したりしてうまくいきません。彼らは自分のペースで滑ることができ、集団で行動できるとはいえ、他人のリズムやスピードに自分の滑りを意識して合わせることは、実は未経験だったのです。そのうち「お前の滑りは速すぎる」「お前こそ遅すぎる」「途中で転んでいる場合じゃない」などと内輪もめのようになってきました。

　これはまだ「みんなが一列になって滑り降りる」という課題に対して学生たちが違和感を持っている状態です。そこで教師は「まずは先頭に滑る人と最後に滑る人を決めて練習してはどうか」と学生に提案してみました。

　教師と学生同士で話し合い、滑り降りる順番を決めて練習再開です。先頭の学生には落ち着いた一定のリズムで滑るよう、後続の学生にはなるべく前の学生に近づいて滑るよう、そして最後尾の学生には滑っている途中に気づいたことを伝えるように教師は指示しました。しばらく練習していると、滑っている最中に前の学生に対して「もう少し大きく回って」と声をかけたり、後ろの学生から「もう少し詰めて」と声をかけられたりするやり取りが見られるようになってきました。最後尾の学生は滑り終わった後に「もう少し全体的に近づいて滑れるはず」「前の人の滑るラインにもっと合わせればつながって見える」と他の学生に伝えています。全体として次第に近づいて滑れるようになっていくとともに、グループ全員が一つの目的に

トレーンで滑る（日本スキー連盟『日本スキー指導教本』）

集中して滑っているように見え、失敗したときには本気で悔しがるようになりました。

　学生たちはこの練習の過程で声をかけ合いながら、前の人に合わせて滑ることができた、後ろの人の気配を感じて絶対転ばないように滑ったなどの体験をしています。動きの関わり合いの体験が増えていくなかで、「みんなで一緒に滑ってもよい」という課題に対するなじみが、学生たちの間に形成されていったと考えられます。このなじみを基盤にして、トレーンという課題に向けて各自の滑りの動感を共有し合って練習を続けることができたのです。そして「グループでうまくつながって滑れている」ことを学生たちが感じるようになってくると、それは充実感があり、みんなで一体になって滑ることに夢中になっているようでした。

　最終日のトレーンの発表では、他のグループも見ている前で全員つながって斜面を滑り降り、最後の停止もピタリと揃い、学生たちは全身で喜びを表現していました。

［関係する原理・本質法則］動感連帯感

　この事例では、一つの課題に取り組む学習者たちのそれぞれが、「うまく動きたい（滑りたい）」というように潜在的に動機づけられていた[1]といえます。この潜在的に動機づけられた動感身体で他者の動きとの関係のなかで滑ることで、なんとなく「みんなと滑りたい」という学習者相互のなじみの地平が形成され、そしてこのなじみの地平を基盤にして、集団での課題に対して学習者それぞれが仲間の動きを読み合うことによって、夢中になってうまく動ける情況が生まれてきたといえます。また、この情況には学習者同士の「動感連帯感」[2]の発生を見ることができます。

　学習者がわざの学習に取り組んでいく上で、学習者同士のなじみの地平がどのように形成されていくのか、あるいはなじみの地平はどのように潜在的に動機づけられているのかに注意を向けて観察・分析し、指導することが重要であるといえます。

　以上、「2．わざへの関心を育む情況をつくる」では、方向不定な気分、雰囲気としての「なじみの地平」を中心に取り上げ、それが学習者に意識される具体的な動きの感じの「背景」としての構造（地平構造）を持つこと、さらになじみの地平が欠落している学習者への指導の事例によって、直接観察される学習者の動きや、動きの感じの背景となる「なじみの地平」を取り出して分析すること（地平分析）の意義を指摘しました。

（木下　英俊）

....

［文献］
1）金子明友『運動感覚の深層』明和出版、2015、p.287
2）金子明友『スポーツ運動学』明和出版、2009、p.306

3. わざの不思議はわざの魅力

（1）他人のわざに不思議を感じる

［観察事例］ わざの魅力

　子どもは地面に描かれたラインや床に描かれたコートのライン上を追いかけっこする "ライン鬼" が大好きです。縄を床にいろいろなかたちにして置いてその上をたどるように歩く遊びも人気があります。この縄遊びをもっと楽しくしようと考えて、綱渡りの遊び場をつくりました。綱は、幅約5cmのベルト状で、床から約30cmの高さに張りました。ある子が綱渡りをしているのを見つけると、いつもは整列などしない子どもたちが自分から素早く順番待ちの列をつくります。子どもには、綱渡りの歩きかたはいつも遊んでいるライン上を歩く動きとは何か違って見えるようです。順番を待つ間、その動きをじっと見つめている子もいます。綱渡りが魅力的に感じられたのでしょう。

　紙鉄砲を振り下げて「パンッ」と鳴らすと子どもは目を光らせます。そこで紙鉄砲をつくって子どもに渡します。やってみるとうまく鳴らせない子もいます。なぜだろうという顔をして友達がやるのを見ます。音が出るようになったら、今度はもっと大きな音を出そうと工夫し出す子が出てきます。紙ヒコーキも子どもが興味を示す遊びの一つです。紙ヒコーキが滑るように飛ぶのを見るとすぐに反応します。何度もヒコーキを飛ばすうちに、飛ばしかたや紙の折りかたに関心を向けるようになっていきます。

［指導事例］ 関心の触発

　わざへの関心を誘う指導事例として、小学校の水遊びの実践例を紹介しましょう。この水遊びはペアーで行います。ペアーの一人が浮き輪に座り、その浮き輪に結ばれたロープを水のなかで立っているもう一方の子が引いて、胸くらいの深さの25mプールのなかを歩きます。ロープを引かずに浮き輪を直接押しても構いません。これをリレー形式でチーム競争します。

　子どもたちのなかには競争など気にしないで浮き輪にどっかり座ったままの子もいます。速くゴールまで行きたい子はいろいろな工夫をします。前向き、横向きと、いろいろな向きで歩いたり、水底を両脚で蹴って進む子もいます。手で水を掻きながら歩く子も、掻かない子もいます。ボート漕ぎの櫂のように手を使う子もいます。バランスを崩して沈んでしまうこともありま

す。子どもの表情や動きから思うように進んでくれないもどかしさが伝わってきます。レースの決着がつくと、子どもたちから「もう一回やりたい」という声が上がります。それは勝ちたい、負けて悔しいという感情だけではなくて、自分の動きについて期待できる何かを感じているからでしょう。

［関係する原理・本質法則］受動的共感

　他人のわざに不思議を感じるようになるところから動きが気になり始め、新しいわざへの学習が始まります。ここで、動き出せるようになる前のこととして、わざに不思議を感じられるかどうかの問題があります。

　学習者がいつも一緒にいる仲間のわざに魅力を感じるのは、すでにその身体に無意識のうちに記憶されている感覚がそこに動き出しているのです。指導者はこのような学習者の無意識の行動を見過ごしてはならないのです。普請場（ふしんば）の大工さんの作業をじっと黙って見つめている子どもには、本人が気づいていなくても、わざへの関心が育っています。そこでは、まだ自分や他者の動きにコツを探ろうとしてはいないのですが、漠然と惹きつけられるものを感じているのです。

　このような受動的共感[1]は、学習者がその場に居合わせることが心地よく、違和感を感じることなく、また仲間が周りで行っている動きに対しても、それを嫌うような感覚が全くない状態、つまり、学習者がその場に〈なじんで〉いる状態から芽生えてきます。

　例えば、ブランコ遊びが大好きで毎日ただ振っているだけで心地よかったのが、あるとき遊び仲間がブランコを抜群に大きく振っている姿を見ると、そのわざにあこがれが生まれることもあります。それまでは、揺れるときに感じられるフワッとしたりヒヤーッとする感覚を味わうだけで満足していたのに、それに物足りなさを感じ始め、仲間のブランコの動きに不思議を感じ始めるのです。

　子どもの運動遊びのなかに多くの〈わざ〉があります。ブランコや雲梯、メンコやコマ回し、ボール遊び、水遊び、鬼ごっこなども〈わざ〉を育む遊びです。

　子ども自身も気がついていない言動・行動、そして表情から、指導者は子どもの方から「やってみたい」と動き出せるような場をつくることが望まれます。そこからしか、できるようになるために、動く感じを探ろうとする動機は生まれないのです。運動遊びの〈なじみ〉の場の重要性がここにあります。

（上原　三十三）

....

［文献］
1）金子明友『身体知の形成・下』明和出版　2005、p.159

3. わざの不思議はわざの魅力

（2）私もやってみたいと感じる

[観察事例] **友達にひかれて動き出す**

　小学校低学年の運動遊びの授業でのことです。体育館のフロアーにはいくつかの運動遊び場が用意され、そのなかに"壁登りエリア"がありました。体操用の厚さ 40cm のスポンジマットが 2 枚重ねて肋木に立て掛けて縛りつけられています。この"マットの壁"によじ登るのです。立て掛けられたスポンジマットの高さは 1.5m で身長よりも 20cm 以上あります。

　授業が始まると、マットの腹を駆け上がるように登ろうとする子、両手をマットに掛けて両脚踏み切りで跳び上がる子、助走から両脚で踏み切って跳びつく子などが出てきます。どの子もなかなか登れず何度もトライします。跳びつく子どもたちから離れたところで、A子が左手の爪を噛んで皆の動きを見ていました。皆が次々跳びつくので、チャンスを窺っているようにも見えますが、口に手をつけたままで、マットに向かって走り出すような気配はないようです。

　一人の男の子が登ることに成功すると、すぐに何人かの男の子らも登れるようなりました。その雰囲気のなかで、動けずにいたA子の仲良しの女の子がマットの上に登れたときでした。それまで気後れしていたA子が、マットの上に登った女の子の方へ近づいていきました。そして、A子は右足をマットに掛けて両手でマットの上端をつかみます。そのA子の右手をマットの上にいる女の子が引きますが、マットがへこんでA子は足で踏ん張ることができません。今度はマットの上縁の奥に両手を掛けて腹をマットに乗せようとしますが、マットが手前に折れ曲がり側壁が窪んだかたちになって、両脚が使えずマットにしがみついています。このときA子は、もうマット登りに躊躇はなくなっていました。

　A子は何度か挑戦して一息つきました。あきらめたのかと思いましたが、A子の目を見ると、何か探すように辺りを見渡しています。A子の左側にやってきた男の子がマットを縛っている 2 本のロープの上の方に手を掛け、下のロープに足を掛けて登ろうとし始めた動きをA子は見ていました。A子はその男の子の顛末は見ずに、すぐに真似をして登り出しました。マットの上にいた女の子は、いつの間に降りてしまっていますが、それに気づかず一生懸命になっています。結局、A子はこの活動時間内に登ることには成功し

ませんでした。それは、仲良しの女の子に誘われて、別な遊びを始めてしまったからです。A子は、仲良しの女の子が肋木に足を掛けて伏臥姿勢をとると、隣りに並んで横目で見ながら「壁よじ登り逆立ち」をし始めました。

[指導事例] 関心を引き出す

　バレーボールの円陣パスのようにラリーを続けるボール遊びでした。ある子はボールが飛んできてもほとんど興味を示しません。手を伸ばせばすぐ届きそうなところにボールが飛んでくると避けてしまいます。私と対面でゆっくりとキャッチボールすることには応じますが、積極的ではありませんでした。この子にとってはボールが重く、動きも速くて、ボールに合わせる感覚が生まれないのでしょう。

　そこで風船つきを目の前でやってみせてあげると、今度は喜んで一緒にやりたがります。風船を地面に落とさないように打ち上げます。素手で叩いたりうちわや羽子板のような道具を使ったり、仲間と一緒に行ったりし始めました。風船の動きはゆっくりした動きですから、下りてくるところを読みやすいのでしょう。また、打ち上げるたびに風船は異なった動きをしますから、力加減の面白さがあるのでしょう。

　もう一つの事例は「走ってはいけないバスケットボール」の授業実践です。このゲームでは、ドリブルやパスすることに制限はありませんが、プレーのなかでの移動はすべて歩いて行わなければなりません。このルールによって、以前はボールが自分のところにまわってくると、ボールを放棄するように誰それ構わず渡してしまい、プレーに関わることができなかった子が関心を向けるようになり、戦術学習に取り組めるようになりました。

[関係する原理・本質法則] 動感連帯感

　「自分には無理だ」「できそうにない」と感じている子は動き出せないでいますが、その子がそこにいて見ている限り、身体のどこかに「できるようになりたい」という衝動が、本人も気がつかないまま眠っていると考えられます。どうしても、そこにいるのが嫌なら、その場を去ることもできるのですから。そんな子が動き出すのは、気心の知れた仲間や指導者の促しがあるときです。

　一緒に遊べる仲間が増えることによって、凛とした空気のなかで皆が黙々と取り組んでいる「動感連帯感」[1]が生まれます。このような連帯感が「できるようになりたい」という衝動を目覚めさせます。励ましなどの情意的なことだけでなく、動感連帯感を呼び起こすような運動課題を用意することが必要です。　　　　　　　　　　　　　　　　　　　　　　　（上原　三十三）

[文献]
1）金子明友『スポーツ運動学』明和出版、2009、p.151

3．わざの不思議はわざの魅力

（3）どんな感じか探ってみる

....

［観察事例］探りの地平分析

　鉄棒運動の前方支持回転の導入として行った「ふとん干し」のことです。この運動課題はウォーミングアップ程度のつもりで用意したのですが、Ｂ子にはとても難しかったようです。「ふとん干し」は、鉄棒を腹で挟んだような格好でぶら下がる運動です。

　Ｂ子は低鉄棒で正面支持の体勢から肩を前に倒していくのですが、なかなか肩を下げていきません。かなり緊張している印象でした。やろうとはしているようなのですが、上体を前に倒すのに合わせて鉄棒の位置を腹から胸の方に移動させてしまいます。これでは上体を前に倒すことはできません。それが無理な体勢であることにＢ子は気づいていないようでした。Ｂ子は、身体が勝手にそう動くといいます。

　あるとき、肩を前に倒していく最中に僅かに足が上へ振れたとき、これに驚くように反応して動作を中断しました。Ｂ子のこの反応は私にとってとても印象的に感じられました。というのは、鉄棒を臍の辺りにくるようにして、徐々に手の支えを腹に移しながら肩を前に倒していくのであれば、問題はなくて怖がらなくても大丈夫だろう、と私は思っていたからです。

　Ｂ子は自分がどのような動きをしているかをはっきりと感じてはいないようですが、足が上がる感じは気づけます。そこで正面支持からふとん干し姿勢に移行する経過の動きかたや感覚についてＢ子と相談しながら、Ｂ子の動きをもう少し注意深く見ることにしました。Ｂ子は、正面支持から肩を前に倒していくと足も一緒に上ってしまい、頭から墜落してしまうとしか思えないといいます。このようなことから、足が浮動するなかで体勢を移行していくとき、安定する動きを探す手がかりがないのだろうと考えました。

　正面支持でバーの下にある足の踵を後ろから箱形の補助台で押さえて、前屈するときに足が上がるのを固定して、ふとん干しにトライすることにしました。足を固定させることよって、それまでの試行のときにあった体のこわばりが緩みました。本人はこれなら安心してやれるといいます。

　そこで、徐々に足を固定する位置をバーの下から後ろに離していくことにしました。足を補助台で押さえる位置を遠ざけていくと足が浮動する空間ができます。はじめのうちは、足で補助台の位置を探る動きがありましたが、

その探る動きは徐々に消えていき、自力で前屈してふとん干し姿勢に持ち込むことができるようになりました。

[関係する原理・本質法則] 動きの潜在的可能性[1]

「頭ではわかる」けれども「どのように動くのかわからない」「やってみよう」とするけれども「身体が思うように動いてくれない」といった体験から能動的なコツ探りが始まります。

コツを探り始める頃は、動いている最中に自分がどのように動いているのかよくわかりません。また、外から撮影された自分の動きを見ても、自分の動きとして実感できないので、これも自分の動きに総合することは難しいのです。ですから、漠然とした動く感じのなかでも、学習者に漠然とでも〈やれそうな見通し〉を持たせるという指導が必要になります。

「ふとん干し」の指導例では、自分でバランスをとる感覚を探る足場を用意して、やれそうな見通しを持たせようとしました。この指導事例のようにスモールステップを踏ませなくても、補助者が運動者の体を支えて、反復させることでもできるようになるでしょう。しかしその場合、頭を下にした体勢へ移行するときの「バランスをとる動き」に気づかないままできることになります。大切な動きに気づかないで反復を続けると、何かの拍子にできなくなったとき、解決する手がかりを探り出せない可能性があります。

コツを探る指導では、学習者本人も気がついていない潜在的な動感を引き出すようにします。先のふとん干しの事例では、足が上がらないように置かれた箱で物理的に足が「止まる」感覚を、箱に当たる前に自分から「止める」感覚に変化させていきます。箱を用いたのは上体と足を〈天秤〉のように使ってバランスをとる感覚に気づかせるためでした。

目指す動きの感覚へと学習者の探索を方向づける工夫として、動きをゆっくりにしたり、リズムを誇張したり、全体や一部を変形したりして、目指す動きを誘い出すアイデアもあります。長なわとび運動では、地面を引きずるように向かってくるなわやボールを跳び越す、鉛直面に上がるなわをくぐる、下がるなわを跳び越す遮断機とび、なわの回旋軌道を横長にして地面部を長くとる三角回しなどを経て、動くなわに自分の動きを合わせる感覚へと方向づけます。[2]

(上原 三十三)

[文献]
1）金子明友『スポーツ運動学』明和出版、2009、p.264
2）太田昌秀『楽しいなわとび遊び』ベースボールマガジン社、1992、p.125

4. コツとカンの習熟の「質」を知る

（1）まぐれ位相

　新しい運動を覚えようとして「こんなふうにやればよいか」とか「あんな感じで動けばよいか」と探りを入れながら試行錯誤するうちに、ある日突然、その運動に成功することがあります。突然の成功に本人も、周囲も驚かされます。しかし、そのような運動達成は、確かに自分がそれを実現したはずなのに、どうしてできたのか自分でもよくわかりません。だからたいていの場合、もう一度やろうとしてもうまくいきません。

　このようにある運動ができたにも関わらず、どうしたらできるのかがよくわからない状態は「まぐれ」と呼ばれます。

[観察事例] マット運動 前転とび

　マット運動の授業で、ある生徒がはじめて前転とびに成功したとします。生徒は、そのコツを逃したくないと、何度もこのわざに挑戦します。覚えたいという気持ちが大きければ大きいほど、反復練習に没頭していきます。

　一般には、反復練習のなかでまぐれの回数が増え、成功確率が上がることで、できるようになっていくと考えます。生徒が何度も前転とびに成功しているのを見て、そのわざが身についたと考えるのは自然なことです。ところが、この反復練習には、大きく分けて二つのタイプがあります。生徒が自らの前転とびの〈動きの感じ〉にあたりをつけながら反復する場合と、あまり考えずに機械的に反復する場合です。この違いは前転とびの外的な経過を観察しているだけでは区別できないかもしれません。しかしこの反復の仕方の違いは、そこで出会うまぐれの質に関わり、その後の上達を大きく左右します。

　まぐれには、〈生きたまぐれ〉と〈死んだまぐれ〉が区別されます[1]。生徒が自分の〈動きの感じ〉を評価しながら練習するなかで出会うのが、〈生きたまぐれ〉です。このまぐれの経験では、前転とびのコツを含んだ動感メロディーが奏でられています。この〈生きたまぐれ〉が反復されると、前転とびが〈うまくできる感じ〉がなんとなくわかるようになり、その感じを絞り込んでいくことで、前転とびのコツに近づくことができます。

　一方、こうした〈動きの感じ〉の評価を伴わない機械的反復のなかで突き当たる成功が〈死んだまぐれ〉です。これは下手な鉄砲も数打ちゃ当たる方式の練習で、何度も前転とびを繰り返すうちにたまたまいいのが出たという

ものです。この〈死んだまぐれ〉の経験は、その内容が空虚であり、何度成功してもどうしてできたのかがはっきりしません。しかし、このような〈死んだまぐれ〉の反復であっても、その確率が徐々に上がり、コンスタントに前転とびができるようになることもありますから、まぐれの質の違いはつい見落とされてしまいます。

しかし、マイネルもいうように[2]、機械的反復で身につけた運動は、抜き差しならない固癖を含み、それが将来の修正化を困難にしますから、指導者はこのまぐれの質の見極めが、その後の上達の鍵を握っていることを理解しておく必要があります。

［関係する原理・本質法則］ 直感化法則

前転とびへのまぐれの成功が、糠喜びに終わらず、その先の上達につながるには、〈生きたまぐれ〉の反復が必要です。しかしそのためには、生徒が自分の前転とびの感じにあたりをつけながら試行錯誤を繰り返し、その良し悪しを感じ分けようとする努力が必要です。

確かに前転とびにまぐれで成功してすぐには、その〈動きの感じ〉は漠然としていてよくわからないと思います。しかしよくわからないからといって、闇雲に反復するだけでは、いつまでたっても何がよい感じなのかはわかりません。そこではわからないなりに、自らの〈動きの感じ〉に意識を向けた練習が必要です。

ところが、そこにはやっかいな問題があります。それは、運動はやったそばから消えていくということです。前転とびで着地したとき、その運動はもうこの世には存在しません。だから、自らの〈動きの感じ〉を意識するといってもそう単純なことではないのです。

しかしそうはいっても、前転とびに成功した生徒の動感意識には、たった今やった前転とびの〈動きの感じ〉が直感によってつなぎとめられています。ですから、それをもとに自分の動感体験を振り返る可能性は開かれています。つまり自らの〈動きの感じ〉に意識を向けて練習するには、この今やった前転とびの直感を自らとらえようとする努力、すなわち直感化法則[3]が機能している必要があります。指導者は、まぐれ位相において〈生きたまぐれ〉の反復を誘うためにも、まずもって生徒のなかにこの直感化法則が働いているかどうかを注意深く観察し、その能力を高めさせるように指導を進めることが重要なのです。

（中村　剛）

［文献］
1）金子明友『スポーツ運動学』明和出版、2009、p.254
2）K．マイネル著、金子明友訳『マイネル スポーツ運動学』大修館書店、1981、pp.397-400
3）金子明友『スポーツ運動学』pp.204-205

4. コツとカンの習熟の「質」を知る

（2）図式化位相

　ある運動に〈まぐれ〉で成功しても、なぜできたかよくわかりません。だからもう一度やろうとしてもできません。しかし、このコツのはかなさが反復練習の原動力を生み出します。ようやく出会えたコツを逃したくない一心で練習に打ち込む姿は、体育・スポーツの現場でよく目にします。〈できる〉という確信をつかむために、確かなコツを求めるのが図式化位相です。

[観察事例] 二回旋とび

　なわとびの二回旋とび（二重とび）に挑戦していた児童が、試行錯誤の末に〈まぐれ〉でその連続に成功したとします。〈まぐれ〉で成功しても、なぜできたかわかりませんから、児童は思うように動けないという葛藤に悩まされることになります。こんなとき私たちは、思うように動かない自分の身体を運動の道具と考えて、その道具としての条件を改善すれば、その動きかたがすぐにできるようになると考えがちです[1]。実際、二回旋とびのできない児童を見て、ジャンプ力不足を疑い、脚力強化のトレーニングが必要だと考えたりします。

　このように身体の道具としての条件、すなわち体力を高めることで、運動ができるようになるという考えは、私たちの常識になっているようです。

[関係する原理・本質法則] 駆使身体

　しかし、二回旋とびは脚力だけで達成するのではありません。いくら高く跳んでも、なわを回すタイミングと合わなければ意味がありません。このジャンプとなわ回しのタイミングを合わせるコツは、実際にそれをやりながら身体でつかむしかありません。身体でつかむとは、二回旋とびをしようとしたときに、自分の身体が黙ってそのように動いてくれるようになることです。それは、自分の身体を道具として意識的な操作対象にすることとは別次元のことです。

　コツをつかむにはそれを身体化し、身体が黙って動いてくれるようになること、つまり、駆使身体に成りきることが大切です。したがって、この位相の指導においては、身体の対象化を引き起こさないように手足の使いかたなどの指導は極力控え、身体で〈動きの感じ〉をつかませる、いわば、駆使身体法則[2]を念頭においた指導が非常に重要になるのです。

［観察事例］ 二回旋とびのコツを探る

　二回旋とびのまぐれに繰り返し出会うなかで、徐々にその回数が増えていきますが、それだけでコツがつかめるわけではありません。学習者は「そう動きたいのに、そう動けない」という葛藤に悩み続けます。それでも二回旋とびを繰り返すなかで、うまくいったときといかないときの違いを身体で感じ分けようとしていると、「跳ぶタイミングが早かった」とか「高く跳びすぎた」など、様々な動感情報がとらえられるようになっていきます。

　このように二回旋とびの〈動きの感じ〉に関して様々な情報が収集できるようになってはじめて、そのコツを能動的に探ることが可能になっていくのです。

［関係する原理・本質法則］ 中心化身体

　この動感情報は児童が身体で直接感じとった〈動きの感じ〉、いわば直感です。しかしその直感に関して「跳ぶタイミングが早かった」とか「高く跳びすぎた」といえるのは、そこに〈うまくいった過去の感じ〉との比較が成立しているからです。そのように感じた児童は、次は「跳ぶタイミングを遅らせよう」とか「高く跳ばないようにしよう」と動機づけられることになります。このように二回旋とびの様々な動感情報が収集されていく背景では、過去の〈動きの感じ〉と未来のそれとが、児童の動感身体の〈今ここ〉に関係づけられています。この身体でとらえている〈今ここ〉は、児童が自分の〈動きの感じ〉を判断する唯一の基準であり、それを運動学では〈絶対ゼロ点〉[3]と呼んでいます。

　この絶対ゼロ点は、過去、未来という時間に関する基準として働くだけでなく、空間的な基準としても働きます。「跳ぶタイミングが早かった」とか「高く跳びすぎた」という場合、児童は二回旋とびをしながら自分の身体となわの位置関係や、足裏と地面との隔たりを把握できています。自分の動きをビデオなどで外から見なくても、そうしたことがわかっています。それは児童が自分の身体感覚としてとらえている中心、すなわち絶対ゼロ点を基準に、なわの位置をあのへんとか自分の身体がこのくらい浮いているととらえているからです。

　このように動きかたのコツをつかむためには、絶対ゼロ点を中心に〈動きの感じ〉がまとまりを見せる必要があり、指導者は学習者のなかでこの中心化身体法則[4]が機能しているかどうかを注意深く観察する必要があるのです。

（中村　剛）

［文献］
1 ）金子明友『スポーツ運動学』明和出版、2009、p.256
2 ）同上、p.256
3 ）金子明友『身体知の構造』明和出版、2007、pp.14-16
4 ）金子明友『スポーツ運動学』pp.257-258

4. コツとカンの習熟の「質」を知る

（3）修正化位相

ある運動のコツの身体化が進み、その〈動きの感じ〉が意識できるようになると、〈できる〉という一応の確信が芽生えます。しかしその運動は、マイネルのいう粗協調であり、質不足や出力過剰という欠点を含んでいます[1]。当然そうした運動をそのまま反復していても、欠点が定着し、のっぴきならない固癖が形成されるだけです。指導者は、時機を見て修正指導を開始しなければなりません。

[観察事例] リフティング

サッカーのリフティングができるようになった生徒がいます。その生徒は、苦労してようやくできるようになったリフティングに得意気です。しかしよく見ると、蹴り上げるボールの位置が安定せず、せわしなく動き回りながらリフティングをしていますし、そのリズムも一定ではありません。できれば、毎回ほぼ同じ位置にボールを上げて、リズミカルに連続できるように修正したいところです。

しかし、できるようになったばかりの生徒に、修正への志向を持たせるのは至難の業です。自分が苦労して身につけたコツを確かなものと信じ、習慣化した動きかたになじみを感じていますから、修正への動機づけが起こりにくいのです。

[関係する原理・本質法則] 調和化法則

生徒に修正への志向が生まれなければ、修正指導を始めることはできません。指導者はその起点づくりに苦労します。しかし、生徒自身が自分の動きに違和感を持たなければ何も始まりません。自分がうまくできていると思っている間は、修正への志向は生まれないからです。

違和感とは、自分の動きの不調和に気づくことです。指導者は、生徒が自身の動きに不調和を感じとれるようにうまく導かなければなりません。例えば、リズミカルに安定してリフティングのできる友達の動きを観察させて、生徒に自身の動きかたの不調和を感じさせることができれば、生徒は自らそのやりかたを修正したいと思うようなるかもしれません。

このように修正指導の起点づくりには、動きの調和・不調和を感じ分ける調和化法則[2]が大きく関係しています。指導者は、生徒の意識のなかでこ

の法則がうまく働くように指導する必要があります。

[観察事例] リフティングの修正

　リフティングにおけるボールの高さを一定にするために、足を大きく振って蹴っていたのを、足を小さく振り出して甲に軽く当てる動きに修正するとします。このように動きかたを修正しようとするとき、私たちは悪い動きかたを部分的に取り去って、新しく正しい動きを付け足すといった粘土細工のような加減方式[3]をとりたくなります。足を大きく振る動きを、小さく振り出す動きに取り替えれば、動きかたが修正されると考えるわけです。

　しかし、リフティングの一部の動きを取り替えようとしても、全体のリズムやバランスが崩れ、動きが修正されるどころか、うまくできなくってしまいます。結局、動きかたを修正するには、改めて調和のとれた新しい動きかたを再構成するしか方法はないようです。

[関係する原理・本質法則] 解消化法則

　新しい動きかたに修正しようとする場合に、以前の動きかたが邪魔になることがあります。リフティングで足を小さく出して甲に当てるだけと思っているのに、身体が勝手にボールを蹴り上げてしまいます。以前の悪い動きかたを忘れようとしているのに、それが絡みついてきます。新しい動きかたに修正するには、以前の動きかたを消し去る必要がありますが、この解消化という営みは、以前の動きかたが定着していればいるほど難しくなります。

　ある運動が「できる」と自信を持っていえるためには、その動きかたがある程度定着する必要があります。しかしそのような定着化が進行すると、その解消化が難しくなってしまうのです。このように動きかたの修正化では、定着化と解消化の間の矛盾的な性格に悩まされます。

　このような修正化をめぐる問題を克服し、修正の実を上げるには、分化能力[4]によって古い〈動きの感じ〉と目指すべき新しい〈動きの感じ〉を厳しく感じ分けながら、前者の解消化と後者の再構成化を押し進めるしかありません。指導者は、学習者のなかでこの分化能力に基づいた解消化法則[5]がうまく働いているかどうかを注意深く観察しながら、慎重に指導を進める必要があるのです。

（中村　剛）

[文献]
1）K.マイネル著、金子明友訳『マイネル スポーツ運動学』大修館書店、1981、pp.379-380
2）金子明友『スポーツ運動学』明和出版、2009、pp.261-262
3）金子明友『身体知の構造』明和出版、2007、p.370
4）金子明友『身体知の形成・上』明和出版、2005、pp.64-65
5）金子明友『スポーツ運動学』pp.262-263

Ⅲ わざの発生

1．わざを覚えるために
（1）わざの動きの時空間をつくる
　① 動ける空間をつくる
　② 物や人の動きを〈先読み〉する
　③ できそうな気配を感じる
（2）わざを覚えるために練習をする
　① 練習の段取りをする
　② わざのコツとカンを覚える反復
　③ うまくいく感じを区別する
（3）わざの動きを修正する
　① 動きにくさに気がつく
　② 新しいコツやカンを描く
　③ 修正から安定へ：競技スポーツのトレーニング計画

2．わざを伝えるために
（1）学習者を共感的にとらえる
　① 場の雰囲気を確認する
　② わざへの関心の芽生えをとらえる
　③ 学習者の動きの時空間を確認する
（2）学習者のわざの共感的観察とコミュニケーション
　① 学習者のわざを観察する
　② 学習者のわざの動く感じを把握する
　③ 学習者の関連する持ちわざを確認する
（3）共感的観察の展開
　① 学習者の動きの感じを指導者の身体で模倣する
　② コツとカンの感じを伝える
　③ 時機を選んでコツやカンの発生への課題を示す

1．わざを覚えるために

（1）わざの動きの時空間をつくる
① 動ける空間をつくる

　人間は生まれると、這い、寝返りから失敗を積み重ねて独り立ちを覚え、さらに歩き、走り、跳ぶなどの様々な日常運動の基本形態を身につけていきます。新しい運動の学習の際は、すでに無意識のうちに身につけた動きで空間の方向性や遠近感を測るようになります。どのような運動ができるかということは、どんな空間意識を持てるかということにもなります。空間把握がその後の運動学習に影響を及ぼします。

［観察事例］滑る運動の発生

　スケート授業の一般的指導事例を見てみましょう。「滑る」（スケーティング）という非日常的な運動形態は、一般的には日常運動の習得後に、転ばせないよう安全に配慮して学習が組み立てられます。

　初心者は慣れない靴を履くことに最初は手こずったりしますが、靴が緩かったり、エッジが内側に傾いてしまっていてもあまり気にしません。ひもの緩みや靴ベロの状態は指導者の目で判断できたりしますが、見えない靴のなかの違和感までは気づけませんから、しばらくすると「痛くてもうやだ」という声が上がったりします（古い貸靴でよくある例ですが）。

　靴を履いた後は、細いエッジに立ちながらストレッチなどの準備運動やその場での足踏みや歩行を行ってから氷上に上がります。スケート選手なら、小走りでぴょんと氷に跳び乗って滑り出したりしますが、初心者はゴムマットと同じように氷上でも「立てる」わけではありません。氷上に上がった途端、足が勝手に滑り出して立つこともままならない情況に驚き、壁にしがみついてその場から動こうとしなかったり、手を離した途端にしゃがみ込んでしまうことも珍しくありません。

　フェンスにつかまりながら、V字姿勢（図1）を保つことで、足が勝手に滑っていかないためのコツを知ると、前に歩く練習（ペンギン歩き）を試みます。「1・2、1・2、……」と脚の上げ下げのリズムに合わせているうちに、「前」に進む意識が芽生えてきますが、「滑走」が始まるとともに脚が開いていきますから、リズムに合わなくなってしまいます。このペンギン歩きはスケーティング前の予備練習ですから、前に進むようになれば次のスケーティング課題に移っていきます。

　しかし、氷上に立つことにはまだ不安を抱えていますから、スケーティン

図1　基本歩行（ペンギン歩き）

グ練習になると基本であったはずのペンギン姿勢はすぐに忘れられてしまい、姿勢が高い、脚が閉じない、つま先で蹴る等の代表的な欠点がまとわりつきます。あとはクロスやターンなどの個々の発展課題を練習する際に、それらの欠点が自然に修正されていくことを期待するしかないのでしょうか。

[本質法則] 定位感①1) への配慮

　スポーツ選手が身につける用具を自分の手足の一部のように自在に扱えるようになるのは珍しいことではありません。この付帯伸長化②2) 能力によって、スケート競技選手はエッジの摩耗具合や氷の硬さを当たり前のように感じ取ったりします。滑走のコツを習得しようとする場合、足が靴との一体感を持てているかどうかは学習に大きく影響します。履き慣れない靴に違和感を持つ初心者は、靴の大きさだけでなく、ひもの締めかたも良否の判断ができません。靴のなかの「指先の感じ」「ずれる感じ」の有無や足首の「締めつけ感」などを前もって聞き出しておくことは、伸長化能力の形成には重要となります。

　はじめての氷上では「滑る・滑らない」という「予感」がまだ働きませんから、まずは氷上に安定して「立てる」という「定位感」を身につけることが必要になります。スピードスケートのスタート姿勢（図2）にも用いられるこの風変わりな「がに股」の姿勢も、氷上での安定した静止と、確実な蹴り出しにつなげる姿勢として理解することができます。

　スケーティング練習ではしっかり体重を乗せる前足に目が向けられがちですが、それはこの後ろ足エッジに体重をかけてしっかりと押せること（軸足化）が前提になります。軸足で「ここ」をとらえておくことで、前足をどこまで踏み出せる・出せないという「遠近感」③3) を持てるようになり、同時に「足が勝手に滑る」という当初あった恐怖感が徐々に薄れてきます。

　踏み出した前足が「滑走」を始めると、足が「側方」に進み体が捻れる（振られる）風変わりで独自のリズムに気づきます。「前向きで側方に進む」「踵で蹴る感じ」「アウトエッジに乗る」などは、後々のスケーティング学習に必要な高度なエッジ操作の原点になる感覚ですから、その起点に位置する「ペンギン滑走」は定位感の学習課題として、再度とらえ直す価値がありそうです。

　やってみたいという気持ちを継続させながら、種目ごとに異なった動きかたの始原である定位感を、初期の学習段階で正しくとらえ、身につけておくことが極めて大切です。

（川口　鉄二）

①定位感
自由に動けるために「今」と「ここ」になる起点を感じとること。

②伸長化
「わが身に付帯する物や手具にまで動感が潜勢的に伸長」して、その感覚の良否までも判断できるようになること。

図2　スピードスケートのスタート姿勢

③遠近感
人間が本来感じている自分の中心と対象との「隔たり感」であり、動けるようになれば、遠かったものが近くに感じられます。

［文献］
1）金子明友『わざ伝承の道しるべ』明和出版、2018、p.253
2）金子明友『スポーツ運動学』明和出版、2009、p.219
3）金子明友『わざ伝承の道しるべ』p.295

1. わざを覚えるために

（1）わざの動きの時空間をつくる
② 物や人の動きを〈先読み〉する

　私たちは人ごみのなかで友達と話しながら歩き、ぶつかることなくすれ違うことができます。引き開きのドアがあれば直前で手を伸ばしながら半身で通り抜け、自動ドアなら扉の開くスピードに合わせることもできます。日常生活でのこのような身近なカンも、スポーツでは、相手に意図的に防御されたりすることもあって、より高度な「かわしかた」を習得しなくてはなりません。

［観察事例］アイスホッケーの先読み[①1]

　基本スケーティングの学習を終えたアイスホッケーの授業を見てみます。
　上手な学生は打ち出されたパックを壁際まで追いかけながらブレーキをかけますが、まだブレーキがうまくできない学生は、壁が近づいてくると衝突を避けるために止まる（ぶつかる）準備が必要になります。つい、パックに気が奪われてしまったときは、準備が間に合わずに「ドーン」とからだ全体で壁を受け止めてしまいます。
　経験者同士が相手と競ってパックを追いかける場面では（図1）、いち早くパックに触れながらもすぐに相手に奪い返されたりしてしまったり、パックを先に奪おうとせずに相手のスティックを封じ込めようと激しい鍔迫り合いが見られたりします。

［観察事例］伝わらない先読み

　連係プレーを伝える際に、ボード等を用いて未来の動きかたをマーカーやマグネットなどで図式的に呈示し（図2）、説明する姿もよく見かけますが、一方で、その「説明」が全く理解できずに困っている初心者もよく見かけます。指導者が情報機器を使ったりして丁寧に説明をするのですが、聞く側は図形的に示された人の位置や移動自体はわかったような気がしていても、いざ動こうとすると何をどうすればいいのかがわかりません。ちゃんと教えてもらっているのだから、わかっていない自分の問題だと思って仲間に「どうすればいいの」と助けを求めてしまいます。初心者は移動方向が変わったりするだけで自分の動きとしての見かたが途切れてしまい、それ以降は単なる図形移動の説明に聞こえてしまうようで、実際に動く姿を見たほうがわかりやすかったりします。昨今流行りの精細な映像や3D映像であれば

図1　即興先読みによる奪い合い

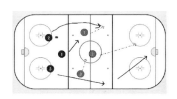

図2　作戦ボード

①先読み
まだ動かなくとも「いつ、どう動くか」「どれが最善か」ということを事前に判断することで外部から運動経過を記述したマイネルの「先取り」とは異なります。

より理解できるのではと思われたりもしますが、単純なボードを用いた説明であっても即座に理解してそのように動けてしまう経験者もいるのですから、問題は別のところにありそうです。

[関係する原理・本質法則] 予描・即興先読み

スケーティングの最初の学習段階では、無意識のうちにフェンスを手で受け止めて、向きを変えたりしながら練習が進められます。曲がる・止まる技能が未熟な段階では、「ぶつかりそう」なときに、この「腕の防御」が唯一頼れる安全策として選択されます（再認化②2)）。鋭いブレーキ技能を身につけた経験者は、壁との安全な間合いを読み取って（予描先読み）、壁寸前で一気に止まったり、あるいは鋭いターンによって衝突を避けます。

腕の延長のように巧みに動くスティック（伸長化作用）でパックを奪い合う際には、先に取りにいけば下から撥ね上げられる予感が互いに働いています。敢えて先行する場合でも、すぐに突き上げにくる相手の動きを先読みしたフェイントだったりします。「今か」「まだか」と直感と予感を働かせる「丁々発止」の駆け引き（即興先読み③3)）は、双方のスティックがまだ動かないうちから始まり、それが巧みなスティック捌きの技能を前提にしていることはいうまでもありません。

②再認化
前に出会ったことがある動感意識を再び今ここで直接に感じ取ること。

③即興先読み
突発的な動きの変化に対して即時的に新たな先読みを働かせること。

[関係する原理・本質法則] 静止図に動きを見る

指導者が「そう動けていた自分」をもとにボード上のマークの位置や方向を丁寧に説明してあげても、初心者がそこに重ね合わそうとするのは「まだそう動けていない自分」になりますから、「どうやってターンをするのか」「そんなに急にブレーキはかけられないし……」など、自分の動きかたに集中しなければならない情況ではそのような先読み課題を実感できません。説明や視覚呈示が「わかる・わからない」というのは、「私の動きかたに置き換えられるか」という問題ですから、カンを必要とする連携パターンを伝えようとする際には、動く側がどの程度のコツを身につけているのかを把握した上で、課題内容と伝えかたを工夫する必要があります。

最近よく目にするICT機器の利用も、覚える側の観察力次第で視覚映像を自分の動きとしてとらえられるかどうかが変わります。そのような、カンを働かせる余裕がまだない場合には、実際に動きながら課題を伝えていく必要があります。

（川口 鉄二）

．．

［文献］
1）金子明友『わざ伝承の道しるべ』明和出版、2018、p.312
2）金子明友『身体知の形成・下』明和出版、2005、p.67
3）金子明友『わざ伝承の道しるべ』p.209

1. わざを覚えるために

（1）わざの動きの時空間をつくる
③ できそうな気配を感じる

①気配
何となくそんな気がするという感覚であり、「方向不定な全身感覚や身体状態感のなかに，場の雰囲気と主体の気分との間に醸し出される」ものとされます。

[観察事例] **スケート場の気配**[①1]

　スケートの授業の最後には実技テストを行います。「テストは1回だけ」と条件をつけ、テストコースでは複数の指導者が採点を行うので、学生の表情が少し変わります。コツがわかってきて一生懸命練習して、いくらかできるようにはなったものの、1回限りとなると「不安」を感じるようです。そして思い通りにいかないと「もっとうまくできてたのに」と不満が出たりします。

　競技においても「緊張」と「不安」による失敗の可能性は、「練習」が「試合」と異なるところでよく生じます。大会のレベルが上がるほど試合と同じ情況で練習することは難しくなりますから、「いつものように」とアドバイスしてもあまり効果がありません。試合前にヘッドホンで音楽を聴く姿もよく目にしますが、周囲から自分を遮断することが、功を奏することもあるようです。

[観察事例] **他人の気配を感じ取る**

　球技では、様々な戦術パターンを繰り返し練習することでお互いが阿吽（あうん）の呼吸で行動することが可能になり、神わざのような連係プレーも生まれます。外から見ているとまだパスの動作が始まっていないのに、パスを出したときにはすでに仲間がそこで待ち受けていて、さらに、次の次のプレーに向けて先回りすることも珍しくはありません。そのようなプレーがパス動作やボールの動きをきっかけにして始まってはいないとなると、「何となくそんな気配がした」と感じ取る能力は生まれ持った才能なのでしょうか。

　単純な反応速度の問題といわれるスタートの技能でも、号砲の鳴る気配を感じとって素晴らしいスタートを切れる名手がいました。「用意」の合図で選手は何も考えずに「じっと静止」し、号砲を反応刺激として飛び出すと考えてしまうと、もはや天賦の才能次第の勝負でしかありません。しかし、号砲と同時に飛び出したり、音がする前に反応したり、あるいは、なぜか出遅れてしまうという光景は、ここでも刺激と反応の関係ではとらえきれない動因が関係しているようです。

　アイスホッケーでは、審判の判定が「あの程度では笛を吹かない」と見做

スタートの「気配」
(https://upload.wikimedia.org/wikipedia/commons/b/b6/1904_Olympic_sprint.jpg)

されると、同レベルの反則行為が続出して、しまいには乱闘騒ぎになったりもします。ベテランの審判はそのような「荒れる気配」を感じ取ると厳格な判定や警告を行い、不穏な「流れ」を断ち切ろうとします。また、コーチや監督は自分のチームに不利な情況が続く気配を察知すると「作戦タイム」をとって悪い流れを断ち切ろうとします。

このような漠然と感じられる「不安」「気配」「流れ」といったものは、現場ではそれが切迫した事態を引き起こしたりするので、単なる心理現象として放置しておくわけにはいきません。

［関係する原理・本質法則］ 情況の負担軽減

テストや試合に向けては、それまでの「いつも」とは何がどう異なるのかを事前にできるだけ把握しておくことが求められます。マイネルは、内的外的妨げに対しての「負担軽減化」を運動の洗練化の重要な特徴として取り上げています②2）。試合と似た情況での練習を計画的に取り入れて「場慣れ」しておくことで、不安な気配感の影響が軽減されていきます。

神わざのように見えるパスの連携には、先読みのカンが関わってきます。近くに敵がいないまだ余裕のある情況では、どこにパスを出すかという選択肢のもとで最善のパスを決定します（予描先読み）。しかし敵が近づいて、パスの可能性が狭められボールの保持も危うくなると、仲間がその情況を共有することで、残されたパスの選択肢を予感して先回りします。パスを出す先には、まだそこにいない仲間が動けていることを確信して決断されますから、たとえそれが視野の範囲外であろうと、その気配をもとに神わざのようなパスが即興的に決断されたりします。

スターターは選手の静止を見極め、最適な気配に基づいて号砲の決断をしますが、そこには外からは窺い知れない複雑な駆け引きがあります。選手は「号砲の予感」と「静止すべき直感」の間を行き来して（同時変換）「動かないように」します。そこでは競技の重要性、スターターの癖、さらに選手間の駆け引きも働くなかで、スターターの決断の気配を感じ取りながら「用意」をします。

「気配感」は「今ここを感じる（定位感）」「未来の今を感じる（遠近感）」をもとにして、全身でその「雰囲気を感じる」ものです。それは数字や映像で表現できなくても、「習得可能な感覚印象」3）です。運動を覚える側だけでなく、審判や指導者にも、この「気配感」を敏感に読み取れるように、習得のための方法論を検討しなくてはなりません。

（川口 鉄二）

②負担軽減化
マイネルは「免疫性」と命名していますが、医学用語との区別をするために、今日では「負担軽減化」の語が用いられます〔文献3）p.266〕。

［文献］
1）金子明友『身体知の構造』明和出版、2007、p.41
2）K.マイネル著、金子明友訳『マイネル スポーツ運動学』大修館書店、1981、pp.416-419
3）金子明友『スポーツ運動学』明和出版、2009、pp.200-201

1. わざを覚えるために

（2）わざを覚えるために練習をする

① 練習の段取りをする

　その領域が未経験の初心者にも、周囲を驚かせるような動きができる場合がある一方で、何もかもはじめてという初心者もいます。経験豊富な指導者は、初心者のどんな運動現象でも、それを位置づける〈整理棚〉を持っているものです。初心者の運動現象を指導者が理解できなければ、練習の段取りを考えることはできません。

［観察事例］アンダーハンドパス

　バレーボールの未経験者（大学生）の事例を考えてみます。バレーボールを投げたり、受け取ったりすることが普通にできる初心者は、アンダーハンドパスをしようとすると、一般に腕を下から振り上げるようにしてボールを弾こうとすることがしばしばあります。初心者にとって、腕を振ることでボールコントロールをすることは非常に難しい技能となります。そこでなるべく腕を振らず、両腕で形成される三角形の位置を空間に対して一定にして、下半身の上下の動きでこの三角形の面を〈平行移動〉させるようにボールをコントロールすることを指示しましたが、実際に練習を始めてみると腕にボールを当てることはできても、腕をボールに当てにいく動きが消えず、思うところにボールが弾き返されていません。なかなかコントロールができないのです。そこで指導者は、実際に両腕に正方形の薄い板をのせて練習をさせました。すると返球されるボールの軌道に問題が残るものの、コントロールは少しづつできるようになってきました。

［関係する原理・本質法則］付帯伸長の本質法則[1]

　板を持たせたアンダーハンドパスの段取りを指導者が思いついたのは、それ以前のうまくいかない動きを指導者の動感経験から指導者自身の動きとして再構成できていたからです。つまりこの種の動きを収める〈整理棚〉を持っていたからです。バレーボールでは、ボールを〈持つ〉〈投げる〉〈受け取る〉ことができません。ボールを〈打つ〉〈弾く〉という動きしか許されません。この〈打つ〉〈弾く〉動きでの定位感、遠近感がまだ不十分な状態であることを看取っていたのです。

　上に示した例では、指導者が口頭で〈面〉を意識するように指示していました。そして、実際に学習者も意識して練習していたと思われます。それで

はなぜ学習者たちはうまくコントロールできなかったのでしょうか？　この初心者の動きを観察していた指導者は、ある一つの点に気がつきました。それは、学習者がボールをとらえるときに腕で面を形成することばかりに意識を向けていて、その面をどのような方向に向ければよいのかということには、ほとんど意識を向けていないということでした。さらにそこでの学習者は、自分では面の方向の意識がないことに気がついていないのです。学習者は、投げられたボールに、自分としては「ここだ」と面をつくっているはずなのに、実際には自分のつくった面の向きが飛んでくるボールの動きに合わず、跳ね返るボールの方向が一定しなかったのです。イメージしている面と実際に形成された面には大きなずれが生じていたのでした。つまり、自分の身体を基準として自分の両腕が形成している面が上を向いているのか、前を向いているのか、斜め上を向いているのかを、自分の感じとしてとらえることができなかったようです。

　指導者が板を持たせた背景には、自分の両腕でつくった面を見て理解できるようにする目的があったのです。具体的に見ることができる面が存在することによって、ボールを弾き返すときのコツを、板を介してとらえることができ始めたのです。このコツによって、ねらった位置にボールを弾き返す「付帯伸長カン」の前提になる、アンダーハンドパスの定位感、遠近感が整ってきたと考えられます。「こうやれば、こうなる」という動きの世界ができ始めたのです。

　この定位感、遠近感は、自身の身体ではないボールに動感が伸びていき、盲人の白杖がその先で地面の状態を感じ取ったり、箸の先で食べ物を口に運んだりするときと同様に、身体から離れていくボールが確信を伴って目的に向かって飛んでいくという付帯伸長カンを胚胎しています。子どもがボールを投げようとして地面に投げつけてしまう場面を見たことがあると思います。これも投げるコツ、すなわち付帯伸長カンを胚胎しているコツが、まだわからないことによると考えられます。

　指導者は、初心者のできない動きから、学習者本人も自分に何が起こっているのかわからないにもかかわらず、この身体がまだ感じ取れない動感情況を感じ取ろうとします。そこから、この初心者がコツとカンを身につけるために一歩を踏み出せるような段取りを臨機応変に案出していきます。実践場面では、はたから見ている傍観者には思いつきのように見えることがあるかもしれませんが、決してそうではないのです。

（佐藤　誠）

［文献］
1）金子明友『スポーツ運動学』明和出版、2009、p.218-

（2）わざを覚えるために練習をする
② わざのコツとカンを覚える反復

....

[観察事例] テニスの反復練習

　ここでは観察事例として、テニスのフォアハンドストロークの練習を挙げてみたいと思います。フォアハンドストロークの学習でよく行われる練習として、学習者のいるコートとは反対のコートから練習仲間に球出しをしてもらい、クロスにボールを打ち返したり、ダウンザラインに打ち返したりするという形式の練習があります。この練習では反復回数を増やせば増やすほどショットの成功する確率が上がっていくと考えられており、いかに多くの反復練習をするのかということに目が向いていきます。さらに、相手がいないコートにボールを打つことになるので、学習者によっては力一杯のショットを打つことに必死になり、スピードのあるショットが相手コートに決まると大変気持ちよさそうに誇らしげな顔をしている場面もしばしば見受けられます。

　しかしそのような学習者とは対照的に、一球一球ショットを行うたびに首をかしげたり、頷いたりしながら練習をしている学習者もいます。このように同じ練習をしていたタイプの異なる学習者がその後どうなったかを観察していくと、前者のタイプの学習者はどんなショットを打つときでも力を入れたスイングしかできないという悪い癖が定着してしまい、ゲームのように緊迫した場面でラリーを続けていきながら自分に有利な展開のストローク戦に持ち込むことができない選手になってしまうことが多いのです。後者のタイプの学習者は、前者の学習者とは対照的に様々なショットを打つことができるようになり、自分に有利な展開のストローク戦に持ち込んで、ゲームを優位に進めることができる選手になっていくようです。このような反復練習には、「動感反復化」基本原理[1]に関係する問題が潜んでいます。

[関係する原理・本質法則] 動感反復化基本原理

　はじめてわざが成功したときに、学習者にどうしてできるようになったのかを尋ねてみると、ほとんどの場合「何が何だかわからないけどできてしまった」という答えが返ってきます。しかし、このような状態では、わざを次に行ったときにまた成功するという保証は何もなく、次に行ったときには失敗してしまうことが多いのです。それにもかかわらず「何が何だかわから

ないけどできてしまった」という体験は、学習者をさらなる反復練習へと導きます。つまり、わざがいつでも成功するというコツやカンの獲得を目指して反復練習がなされるのです。

　先ほどの観察事例に登場した学習者たちは、成功した気持ちよさを何度も味わいたいという気持ちで反復しています。成功した感触を何度も味わいたいという気持ちは衝動志向性[2]と呼ばれ、わざを発生させるためには重要な意味を持っています。しかし、力任せにひたすら速いスピードのショットを打ち続けている学習者と、一球一球首をかしげたりしながらショットを打っている学習者との違いは何なのでしょうか？　実際に学習者たちにどんなことを考えてショットをしているのかを尋ねてみると、前者のタイプの学習者では、ひたすら力強く打つことのみを考えてショットをして、それによって相手のコート内にボールが入ったのか入らなかったのかという結果を意識しているという答えが返ってきました。後者のタイプの学習者では、自分がどんな感じでショットをしたら、どんな力のボールをどんな場所に打つことができるのかを考えてショットをしているという答えが返ってきました。この学習者は、自分がこんな感じでボールを打ったらどこにどんなボールを打つことができるのかを一回ごとに描き出し、実際の動きと比較していたのです。したがって、自分の動感が実際の動きとマッチしていなかったときには、結果がよくても首をかしげ、動感とマッチしていたときには頷いていたのです。このような学習者は、単に力任せにショットをして、相手コートにボールが入るという結果だけしか意識していない学習者とは異なり、いろいろな動感を体験していくことができるようになります。このように様々な動感の区別がなされていくことが大切です。

　反復練習においては、一回一回の動きの感じに常に意識を向けておかなければなりません。機械のように何も考えずに、ひたすら反復し（機械的反復化）、結果のみに意識を向けて回数さえかければコツやカンが理解できるようになるかといえば、その答えは「ノー」です。反復練習をしていくなかで、先ほどの動きと今の動きは感じに違いがあるのか、それとも違いがないのか、動きの違いはどんなだったのかを、動きを遂行する前にイメージした感じと結びつけながら感じ取っていかなければなりません。そのような動感反復化のなかで、わざが成功するときの感じがわかるようになり、さらにわざができるような気がするようになり、最終的にこうしたらできるというコツやカンが身についていくのです。

（佐藤　誠）

［文献］
1 ）金子明友『スポーツ運動学』明和出版、2009、p.238-
2 ）木田元・野家啓一・村田純一・鷲田清一編『現象学事典』弘文堂、1994、p.227

1. わざを覚えるために

（2）わざを覚えるために練習をする

③ うまくいく感じを区別する

[観察事例] **初心者のゴルフ・アプローチ**

　ゴルフの練習場では、人工芝のマットにボールを置いてアプローチの練習をします。指導者が練習者のショットを見ていると、初心者でもいろいろなショットが現れます。初心者は、はじめのうちはよい結果を示したショットの感じを求めて反復練習を行うことが多いと思います。反復練習の初期段階では、動きの感じは漠然としか把握されません。一般的に「うまくいった」という肯定的な判断は、よいと感じられる動きと結びついていると理解されがちですが、実際にはこの肯定的な判断は結果と結びつけられます。つまり、よい結果を示したショットが「うまくいった」動きかたとして理解されがちです。

　人工芝のマットは、自然の芝とは異なりクラブを滑らせることができます。自然にある芝では、ボールの手前からクラブが芝に入った場合、思うようにクラブを動かすことができず、ボールのコントロールができなくなります。それに対して練習場のマットでは、人工芝がクラブを滑らせてくれることにより、多少ボールの手前からクラブが入っても問題なくボールコントロールができてしまいます。指導者から見ていると明らかに異なるショットでも、結果から判断している学習者に二つのショットがどうだったのかを尋ねてみると、「どちらもうまくいった」という返事が返ってくることが多いのです。このように指導者が観察すると、はたから見ていて異なる動きが同じ結果をもたらすことにより、「うまくいった」という同じ判断を生じさせてしまい、指導者の関わりがなければ、この結果を求めて反復が続けられてしまいます。動きかたがわかる前に、このようにして動きが定着してしまうと、後の動きの修正化に大きな障害になる可能性があります。

[関係する原理・本質法則] **動感触発化の本質法則**[1][2]

　動きの感じは、事例のように、はじめのうちは「うまくいった」とか「失敗だった」などのように結果からの判断として現れてきます。この判断は一回ごとの動きかたの評価に基づく判断ではありません。ここでは、学習者の関心は結果にしか向いていないのです。まだ、自身の動きかたは関心の対象になっていないのです。

よい結果がしばらく出てこなかった場合、「砂を嚙むような反復」に嫌気がさし、関心がなくなって練習をしなくなってしまうこともあります。ここでは、単なる励ましだけでなく、経験ある指導者によって、学習者が一回ごとの動く感じの違いに気がつくような指導が求められているのです。

　初心者が道具や練習仲間、さらに指導者になじむまでは、一回ごとの動感の差異に意識が向けられないことも多いものです。しかし、このなじみ感覚のなかにこそ、自身の動感に志向する動機づけが眠っているのです。指導者が機を見計らって、学習者が「自分もこんなふうに動いてみたい」と感じるような動きをやって見せることも一つのきっかけになるかもしれません。逆に、学習者の方から、一緒に練習している上級者に「動きを見せてほしい……」と言い出すこともあります。そのときには、すでに学習者が動きかたに漠然と何かを感じ始めていると考えられます。それによって、自身の動きかたを振り返り、「もっと詳しく自分の動きを知りたい」という関心が生み出されます。

　指導者は、外見的には見えにくい学習者の関心の変化に細心の注意を払って観察していなければなりません。一般的には、それまでいわれるままに動いていた学習者が、〈自分から〉今まで見られなかったことをやろうとしていることを見逃してはならないのです。

　先ほどの観察事例で考えてみると、アプローチの練習でクラブがボールの手前から入り人工芝の上を滑ったショットと、自然の芝のショットの動感のコントラストに気がつくように仕向けることができます。それは、学習者にこのコントラストによって、「どちらが動きやすいか」という比較する志向を伴った練習を仕向けることになります。

　今までの反復では、動くと同時に流れ去ってしまっていた動感が、次の実施の動感と比較されるためには、どちらの動感も簡単に過ぎ去らせるのではなく、つかまえて引き留めておく能力が必要になります。この能力は、繰り返していれば自ずと育ってくるものではなく、自身の動きを感じ取ろうとする努力がなければ身につきません。指導者は、学習者のこの能力の育ちを、仮に〈できる〉ことが少し後回しになっても、優先させるべきなのです。

　「どちらが動きやすいか」という指導者からの問いかけを、学習者が自分自身への問いかけとしてそれに応えようとしなければ、この、過ぎ去る動感を今に引き寄せておく能力は育たないのです。この動きやすさの感覚は、「価値覚」に気がつくことです。このようにして、結果のみに頼った自身の動きの評価判断から、動きかたへの関心が育ってきます。

（佐藤　誠）

［文献］
1）金子明友『スポーツ運動学』明和出版、2009、pp.250-252
2）金子明友『身体知の形成・下』明和出版、2005、p.36-

1. わざを覚えるために

（3）わざの動きを修正する
① 動きにくさに気がつく

　スポーツの動きかたの修正を考える前に、私たち日本人がなにげなく行っている日常的な動作を例に挙げて「わざの動きを修正する」ことの問題性について考えてみましょう。

[観察事例] 箸の持ちかたに違和感を覚える

　私たち日本人は一般的に「箸」（図）を使って食事をすることが一般的です。ナイフ、フォーク、スプーンを使って料理を「切る」「刺す」「すくう」ことで食事をする欧米人から見ると、「箸」という2本の棒を器用に使いこなす動作はとても難しく見えることでしょう。箸を使って食事する場合、私たちは食べ物を「刺す」ことも「すくう」こともできますし、さらに、芋や魚を「切り分ける」、やわらかい麺を「挟む」、小さな米粒や細かいサンマの骨さえも「つまんで」取ることができます。こうした箸の使いかたは、私たちが子どもの頃に親から伝えられ「躾(しつけ)」を通して身につけたものであり、さらにいえば、日本社会において文化として大切に伝承されてきた「動きかた＝わざ」です。しかし、大人になっても上手に箸を使えない人もいるようです。

箸の正しい持ちかた

　一般的には、「妙な箸の使いかた」をしている人の大半は、自分の箸使いを「修正」しようとすることなど考えもしないでしょう。しかし、ふとしたきっかけで、自分の箸の使いかたがぎこちないとか、どこか変だというように、「違和感を覚える」ことがあります。例えば、結婚式の披露宴の食事場面で、自分の箸の使いかたが急に気になることがあります。あるいは、恋人や友人に指摘されて気がつくこともあるでしょう。このように、「違和感」あるいは「気になる」ということが生じて、はじめて「直したい」という気持ちを持つことができるようになります。つまり、「箸の使いかたを修正する」ためには、自分の箸使いが「変だと気づく」ということが絶対的に必要なのです。ぎこちないとか変だとか感じなければ、自分の身体に染みついた箸の使いかたを直す動機づけなど生じ得ないからです。

［関係する原理・本質法則］ 調和化法則[1)2)]

　長い時間をかけて身体に染みついた運動を修正することは頭で考えるほど簡単ではありません。他者から見てぎこちない動きに見えるとしても、習慣化された運動はその人にとって「身体になじんだ動き」であり、「自分にとってやりやすい動き」だからです。

　日常動作であれスポーツにおけるわざであれ、動きかたを修正するためには、まずは修正以前の動きかたのおかしさに「気づく」ことと、さらに、うまいやりかたへ「直したい」という動機づけが必要になります。つまり、動感修正の動機づけを生み出して、具体的な修正像を発見する手がかりになるのは、自分の動きの〈不調和〉に気づくということです。

　とりわけスポーツの場合には、成績が伸び悩んでいることを契機にして、自分の動きかたに不調和を感じ取り、「今のままじゃこれ以上の成績は望めないから直さざるを得ない」という自覚に伴う切迫性が、「覚え直す」ことへの強い動機づけを生み出します。選手が自分の成績や動きかたに満足していれば、指導者がよかれと思う修正指示を聞き入れるはずはありません。

　選手が自らの動きかたの欠点を修正して新たな動きかたを獲得するためには、修正の目標となる具体的な運動像を明確にする必要があります。修正目標像が明らかになってはじめて、動きの修正作業をどんな方法で、いつ始めるかといった修正の計画を立てることができるのです。

　自分の動きの〈不調和〉に気づいて「直したい」という動機づけを持ち、修正するための具体的な目標像を発見するためには、「調和化能力」[①3)]が必要になります。しかし、修正目標とする運動経過が達成されたからといって、「なんだかしっくりこない」うちは修正化がうまくいったと評価することはできないということに注意しなければなりません。不調和を感じさせている古い動感形態と、修正目標となっている動感形態の違いを「動感分化能力」[②4)]を働かせて厳密に把握し、調和化能力を通して「いい感じで動けている」ことを身体で直接感じ取ることが重要なのです。そして、この能力は、誰にでもはじめから備わっているものではありません。日々の練習のなかで自身の動きの感じを反省し、自分の動きの良し悪しを把握しようとする努力を続けるなかでしか培われないのです。

（渡辺　良夫）

①調和化能力
分節的な動きかた相互、あるいは身体と状況との関わりに統一的な快感情を帯びた動感意識を感じ取れるという動感能力。

②動感分化能力
微妙な動感差を敏感にとらえることができる動感能力。

［文献］
1）金子明友『スポーツ運動学』明和出版、2009、p.261
2）金子明友『身体知の構造』明和出版、2007、p.368
3）同上、p.375
4）同上、p.377

1. わざを覚えるために

（3）わざの動きを修正する
② 新しいコツやカンを描く

・・

［観察事例］開脚前転の修正指導

　器械運動の授業において、開脚前転がうまくできないと悩んでいる生徒がいたとします。先生はその生徒に対して、「膝が曲がっているので伸ばしなさい」とか、「両手で床を押して勢いよく立ち上がりなさい」というように、欠点の指摘と目標像を呈示する「修正指示」を与えることでしょう。あるいは、ビデオ映像や上手な生徒の模範演技を生徒に見せて、「上手な開脚前転をよく見ましょう」と観察学習を促し、さらに、指導書に書かれている技術解説をよく読むように指示します。しかし、こうした指導を通して上手な開脚前転ができるようになる生徒はめったにいません。

［関係する原理・本質法則］解消化法則 [1]

　一般的に修正指導においては、先の例のように、模範となる運動像と生徒を比較して、欠点の部分を理想的な運動経過に変換しようとすることでしょう。これは、例えば車の動きがおかしくなった場合に、不調の原因となる部品を交換することと同じ作業です。しかし、運動は寄せ木細工ではないので、運動修正は「部品交換方式」ではうまくいかないことを知らなければなりません。

運動アナロゴンの例①　開脚座から腰を持ち上げる
［チェック］
・膝に力が入ってますか
・強く前屈しながら手で押してますか

運動アナロゴンの例②　ゆりかごから開脚立ち
［チェック］
・膝をしっかり伸ばせますか
・開脚するタイミングがわかりますか
・「足の投げ出しとブレーキの切り替え」と「手の押し」のタイミングは合っていますか
・手でマットを押すとき強く前屈していますか

さらに、先に見たように、身体になじんだ運動は、しっかりと身体に染みついているものなので、直したいという強い動機づけを持った場合にも、修正目標となる運動像をはねのけるように働いて「定着化と解消化の抗争」[2]を生み出します。

こうした難問を解決して運動修正に成功するためには、古いコツを捨て去って動感形態を〈更地〉に戻す「解消化能力」[3]という動感能力が重要になります。そして新たなコツやカンと以前のものとの差異を動感分化能力によって感じ分けながら、新しいコツを使って動感形態の全体を統覚化し直すことが必要になります。

[関係する原理・本質法則]

開脚前転の修正化地平分析とコツの動感アナロゴン

運動の全体的性質や効果は、部分動作を単純に足し算した総和とは異なるものです。運動の一部を改造しようとする場合には、これまでうまくいっていた他の部分動作に影響を与えてしまい、運動の全体としてのメロディまでも変化してしまうことに注意が必要です。例えば開脚前転の場合には、「膝の曲がり」という欠点を除去して「膝を伸ばす」と、今度は「立ち上がる」ことができなくなってしまいます。「膝が曲がる」という欠点を単純に「膝を伸ばす」という動作に置き換えただけで、上手な開脚前転に成功するのではありません。

上手な開脚前転を覚えるためには、「膝を曲げて、手でマットを押し放して立つ」という身体になじんだ古いコツを捨てて、「膝を伸ばして、手でマットを押し放して立つ」ためのコツを覚え直さなければならないのです。そのためには、コツの運動アナロゴンを段階的に学習するなかで、学習者が〈膝を伸ばすのはどんな感じなのかわかるのか〉（曲げた膝と伸ばした膝の動感差を感じ分ける動感分化能力）、〈どのタイミングで膝を伸ばし、どのタイミングで開脚するのかがわかるのか〉（運動局面を感じ分ける局面化能力）、〈足の投げ出しを上体の起こしにつなげる順序と力の入れ加減がわかるのか〉（伝導化能力とリズム化能力）、〈膝を伸ばしたまま手でマットを押し放して立つというのはどんな感じかわかるのか〉（立ち上がり局面の一元化意味核①[4]）と問いかけながら（修正化地平分析[5]）修正学習のための課題を学習者の「身体を通して」考えていくことが大切になります（図）。

（渡辺 良夫）

①一元化意味核
コツとカンが一元化した動きの感じ。

[文献]
1）金子明友『スポーツ運動学』明和出版、2009、p.262
2）同上、p.262-
3）金子明友『身体知の構造』明和出版、2007、p.61
4）金子明友『わざ伝承の道しるべ』明和出版、2018、p.92
5）金子明友『身体知の構造』p.368

1. わざを覚えるために

（3）わざの動きを修正する

③ 修正から安定へ：競技スポーツのトレーニング計画

[観察事例] **体操競技のわざの修正**

　体操競技選手のA君は、鉄棒の〈手放しわざ〉である「コールマン」（図）の空中姿勢の欠点をコーチに指摘されました。その内容は、空中で宙返りしている最中に〈膝が割れる〉という欠点です。A君はこの欠点を直すために、トランポリンの〈腹打ち・後方宙返りひねり〉という運動アナロゴンを使って〈膝を閉じて宙返りひねりする感覚〉の練習を行い、鉄棒のコールマンにおいて〈膝を閉じたまま宙返りひねり〉をする練習段階を踏むことによって、ほんの2週間ほどの練習で空中局面に欠点のない「コールマン」に成功しました。しかし、空中姿勢を修正することはできるのですが、宙返り局面から再び棒を握る局面がうまくいかなくなってしまい、演技で「落下する」ことが多くなってしまいました。

コールマン

　そんな状態のまま、A君の出場する試合が2週間後に迫ってきました。試合で目標とする得点を獲得するためには、演技内容としてコールマンを欠かせません。しかし、手放しわざで落下してしまえば非常に大きな失点となり、上位入賞は望めません。コールマンで落下できないという条件下で、試合に向けて鉄棒の演技遂行の練習を重ねるうちに、A君のコールマンは再び〈膝が割れる〉ようになりましたが、落下する失敗は減っていきました。そしてA君は「膝が割れたコールマン」を演技で成功させて試合を乗り切りました。

　その成り行きを観察し続けていたコーチは、A君のコールマンが試合に向けた練習のなかで〈欠点のあるコールマン〉に戻ってしまったことに気がついていたのですが、A君に対して何も修正指示を出さないまま試合を見守りました。

　この例を見てわかるように、欠点を修正して「正しい運動フォーム」に成功したとしても、競技スポーツの選手はすぐに喜ぶわけにはいきません。新しいコツやカンをつかんで運動修正しても、他の箇所に不都合を生じるなど、修正直後はパフォーマンスの低下が必ず生じるのです。先の〈コールマンの例〉では、空中姿勢の欠点を消すことに成功したと思ったら、他の局面

に不具合（＝落下）が出るようになっていました。しかも、試合に向けたトレーニングのなかで、直したはずの欠点が再び現れるようになったのです。

[関係する原理・本質法則] 安定化法則

　競技スポーツの場合、「きれいな動きかた」を身につけたとしても、パフォーマンスが低下してしまっては試合に不都合を生じさせます。スポーツにおけるわざの修正は、試合に支障をきたさないように、計画的に行うことが重要になります。熟練したコーチの場合には、選手のわざの欠点に気がついていても、試合寸前の修正指示は出さずにそのまま試合をさせて、試合期が終わってから修正活動を行うことが多いのです。しかし、ここで見落とされてはならないことは、この作業は、選手とコーチの専門性を媒介にした、しっかりとした信頼感に裏づけられていることが前提になっているということです。

　運動修正において、古いやりかたを捨てて新しいやりかたに成功したということが意味しているのは、〈うまいやりかたを身につけたばかり〉ということです。〈身につけたばかりの運動〉というのは、運動経過や結果が安定しないことと、やるたびに精神的な集中を必要とすることが特徴です。つまり、〈うまいやりかたを身につけたばかり〉の場合、運動経過は洗練されたものになっていても、その運動は壊れやすく、注意深く運動遂行しないとすぐにもとの〈ヘタなやりかた〉が顔を出してしまうのです。

　修正運動像に〈いちおう成功した〉後に、その運動を「安定化」させて試合に用いるためのトレーニングを計画するためには、「定着化」と「コンスタント化」を通過する「安定化法則」[1]を知ることが重要です。修正運動像を安定化させるためには、「できたてのうまいやりかた」を、はじめてできたときと同じように肉体的にも精神的にも負荷をかけずに、やりやすい条件下で反復するなかで、「細かなことを考えなくてもできる」「疲労感が減少してらくらくできる」という「負担軽減化」を確認してから、徐々に、試合場面で生じ得る様々な負荷条件下でトレーニングを行うことによって、「わざ幅」①を獲得する計画的なトレーニングを経なければならないのです。

（渡辺　良夫）

①わざ幅
様々な心理的、身体的に困難な運動条件に臨機応変に対応して成功のうちに収めてしまう動感能力。

[文献]
1）金子明友『スポーツ運動学』明和出版、2009、p.265

2. わざを伝えるために

（1）学習者を共感的にとらえる

① 場の雰囲気を確認する

[指導事例] **体育学習への誘い**

　一年生の最初の体育の授業で、体育館に神妙な面持ちの学生が座っていると、彼の今から始まる活動への不安と期待が入り混じった気持ちだけでなく、なんとなく動きたくない気分までも感じ取れることがあります。始まる前から授業が滞ってしまうのではないかと私の方も気分が滅入ることがあります。そんななか、学生たちこそが指導者の存在を感じ取っていて、指導者が学習者といかに関わるかで授業の流れは変わることがあります。授業のはじめに、運動を教えられるという態度で一人ひとりに向き合うように語ると、学生の心に何かが届いていると感じます。これならいけると感じる瞬間です。また、準備運動を行うとき、学生たちと一緒に床の状態を感じながら、球技の各種目に共通する変化に富んだステップを入れて走っている途中で、突然ホイッスルを何回か吹き、その回数に応じて学生たちに小人数グループをつくらせて座らせます。吹笛が2回で二人組になった場合は、お互いに向き合って全身を使う"ジャンケンポン・アッチ向いてホイ"や、片方の動きの真似をしながら影法師のように追走する"シャドウ・ランニング"などで遊ばせます。こうしてステップと吹笛を繰り返しますが、彼らは相手に応じて多様に動く感じを自然に味わっているようで、お互いの気分や場の雰囲気も和んでくるのがわかります。これらは大学生でも楽しめる球技の動きの感じが含まれた運動遊びです。このように学習の場の雰囲気づくりによって全体が方向づけられると、たいてい種目への導入はうまくいきます。

　しかし、この流れに乗れない学生も出てきます。初心の指導者はこのような学生をつい見過ごしたり、気づいても対応に苦慮したりすることが多いようです。そのようなとき、辛抱強く待っていると、こんな学生にも場へのなじみが生まれてきます。それは二人組の運動遊びの場合、このような学生のやろうとする気配を僅かに感じ取れたときは、タイミングを逃さず、彼と組むことです。最初は相手のどんな動きでも感じ取って一緒に動いたり、今度はこちらから誘い込んで相手の動く感じを引き出そうとしたりします。こうしてやっと彼と交流できるようになります。

[関係する原理・本質法則] 出会い原理[1][2]

　授業の導入で大切なことは準備運動だけではありません。指導者は、学習者と相互に動く感じを結びつけながら、そのつど雰囲気を確認し、そこで行われる活動に関心を持てるように、学習者を方向づけなければなりません。このように相手の動きかたに共感して一緒に動くことを前提として出会い①が生まれます。特に各種目の練習ではより明瞭、かつ具体的に出現します。コンクリートコート1面でのテニスの授業でも、指導者との出会い原理が成立すれば、学生は課題が呈示されるとその課題に関心を持ってやろうとします。

[指導事例] テニスの運動学習への導入

　授業で目標とするフォアハンドの打ちかたを示範した後に学生にやってもらいました。すると、ほとんどの初心者はラケットにボールを当てることができなかったり、アッチコッチ飛ばしたりして、ネットを挟んだラリーをまともにつなげることはできません。それでも皆、楽しんでいる様子でした。しかし、できようとしてもできない学生を見つけたときは、その学生を放っておけません。その学生の動きかたをよく見ると、ボールとラケット面と腕の振りとの関係がわからないのか、ギクシャクしていてボールを正確に当てることができません。ラケットの握りかたになじんでいないことがわかりました。初心の指導者では一般に、学習者の多くが楽しそうに動いているからよいと考えるためか、このような学生を見過ごしてしまうこともあります。

[関係する原理・本質法則] 指導者の専門性への信頼

　指導者が学習者に近づいて、二人の間で目標像をとらえ直します。その上で、最初のステップでは、例えば上記の学習者の場合は、ラケットを握りやすいように持って、ボールを頭の高さぐらいまで上方に連続してついたり、コート面に向かってつくなどの課題をやってもらい、その動きかたから学習者の動感地平をとらえようとします。互いがなじんでくれば二人が近づいて、ネットを挟まず同様の仕方でボールを交互に連続してつきます。このように動きの感じを介して交流することで、指導者の専門性に対する学習者の信頼感が育まれます。出会い原理から、このような交流も目標とする〈わざ〉への関心を発生させる前提として、「身体状態感」②や「全身感覚」③などの芽生え[3]を促す専門的な指導といえるのです。

（佐藤　靖）

① 出会い
指導者と学習者の存在が相互に生む動感連帯感を前提とする一回的な出来事。

② 身体状態感
③ 全身感覚
「身体状態感」とは身体が「軽い」とか「重い」といった感覚ですが、その場の雰囲気や気分と交じり合って漠然とした「全身感覚」にもなります。自身が出場するときの競技会場の「緊張した」雰囲気も全身感覚として感じられるものです。

[文献]
1）金子明友『スポーツ運動学』明和出版、2009、pp.300-308
2）F.J.J.ボイティンディグ著、神谷美恵子訳「出会いの現象学（1）」みすず84、みすず書房、1966、pp.6-13
3）金子明友『身体知の形成・下』明和出版、2005、p.159

2. わざを伝えるために

（1）学習者を共感的にとらえる
② わざへの関心の芽生えをとらえる

[指導事例] 園児に投げる感じを伝える

　幼稚園児に投げる動きを指導する機会を得ました。二十人ほどの園児が気ままに遊んでいましたが、私たちに気づいた三人の子どもたちが歩み寄ってきました。ボール遊びに夢中になって子どもの世界に入り込んでしまうと、その場はとても指導などできる雰囲気ではなくなってしまいました。

　機会を改めて出直すと、あの三人が一目散に駆け寄ってきました。こうして投げかたの指導が始まったのです。「よく見ていてね！」と、近くに立てた直方体の積み木に向かってボールを「投げ当てようとする」場面で、ボールを両手で頭上後方に引き上げながら上体を捻って「投げる」感じを呼び込むと、大げさに「苦しい！」といってからすかさず「ポン！」と続けて左足を大きく踏み出し、全身をムチのように捻り戻す感じで、右足から生まれた勢いを片手で保持したボールに力強く伝え、的に当ててみせました。すると先ほどまでボールを両手で胸元からチョコンと押し投げていた一人の子どもが、私の大げさな投げかたを見て面白がるや否や、驚いたことに、それを即座に真似てしまいました（図1）。指導経験のない学生にとっては〈単なる物真似〉と感じられたかもしれません。

図1　幼稚園児のトルネード投げ

[関係する原理・本質法則] 模倣[1]

　3、4歳の子どもは、比較的大きいボールを高く挙げたところから、前後開脚の姿勢の両手投げで、近くの目標をねらうことができます。[2] この場合、他者の行動をまるごと一気に模倣できるのは、幼児が他者の動きの感じをメロディーとして知覚し、意識してやるのではなく、「他者とともにある意識」に基づいて共感するからこそ「一挙に把握する」ことができるのです。[3] ここに共感的な運動学習の原点があります。人間の模倣能力は決して単なる物真似と蔑まれるようなものではなく、首尾よく整えられた「出会い」の基盤の上ではじめて発生する現象であることを、指導者が身体で理解していなければなりません。

[指導事例] 小学生にわざへの関心を促す

　ショルダースローは、多彩なシュートやパスのための基礎的、可変的な投法とされます。4)「トルネード投げ」は、子どもたちと工夫したその学習ステップの最終段階です。

　そこでは「投げ当てようとする」局面に力点を置き、両手を協働させてボールを頭上後方に引き上げながら上体を捻り、的に向かって「投げ当てる」感じを先取りすることになります。そこでは、両手から片手投げへとボールの握りを安定させながら、全身を使ってボールに勢いを伝える感じの学習が行われます（図2）。

　小学校低学年ではボールを捕る、投げるがまだうまくできず、ゲームにならないことが多いです。まず子どもたちに多彩なボール操作をしてもらうと、彼らはボールと場になじんできます。さらに子どもが好むシュートができるように、台の上に載せたコーンや壁に貼った絵などを目がけて、4、5ｍ離れた場所からボールを投げるよう指示します。子どもたちは最初のうちは夢中になって的に当てようとします。そこでは様々な動きが出現しますが、的にうまく当たりません。そこで子どもたちの練習対象となるスローを示範によって呈示することになります。

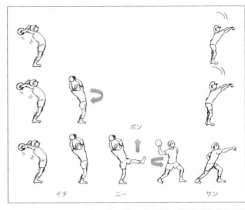

図2　トルネード投げの学習（筆者作画）

[関係する原理・本質法則] 即興原理

　まず子どもたちは、示範などによって呈示された動きを真似ようとします。これが動きのわざへの関心の芽生えなのです。経験の浅い指導者はこの出来事に気づかないことがあります。子供の真似た動きが呈示された動きと似ていなくても、空虚な動きかた①が〈即興〉で成立しているのです。5)指導者はこのことを理解しておく必要があります。若い指導者はそっくりに似ていることを求めがちですが、子どもには大人が想像すらできないような模倣の世界が広がっていることを理解しなければなりません。それがあらゆる動感発生の始原なのです。"トルネード投げ"の呈示は、私たちによって共有されてきた、コツとカンをまるごと模倣できるような学習ステップです。子どもが自身の動きそのものを意識することなく、即興的な模倣発生を促します。

（佐藤　靖）

①空虚な動きかた
身体が覚える（保存される）動きの感じは、実際の感じそのものではなく、その実際の感覚質の「枠」だけが保存されるのです。その枠が実際の感覚質で満たされることが、そのまま真似られた動きの発生になります。

[文献]
1）金子明友『スポーツ運動学』明和出版、2009、pp.301-303
2）K.マイネル著、金子明友訳『マイネル スポーツ運動学』大修館書店、1981、p.309
3）金子明友『身体知の形成・上』明和出版、2005、pp.353-354
4）H.Döbler（Red.）,*Grundbegriffe der Sportspiele*.Sportverlag. 1989, S.154.
5）金子明友『身体知の形成・上』p.357

2. わざを伝えるために

（1）学習者を共感的にとらえる
③ 学習者の動きの時空間を確認する

［指導事例］斜面に立つ

　大学のスキー実習での指導経験からいえるのは、スキー未経験の学生は雪面の平地でスキーをつけて歩いて移動、ストックを使って滑る、方向を変えるといった動きを一通り経験していても、斜面に移動して立つことに大変苦労するということです。雪面に応じた板のエッジの立て方を覚えるために横向きで階段登行をしたり、両板を逆八の字に開いて山側に正対させて登り降りを繰り返したりしますが、多くの場合、両スキー板が重なったり、思わぬときにスキーが〈勝手に〉滑り出したりしてしまいます。彼らにはそのときスキーやブーツが身体にまとわりつく〈異物〉として感じられているように見えます。「スキーの板が長すぎる！」など、動きの自由を奪われているような発言も聞こえます。スキーの道具を介して、雪の斜面に立って止まれることを初心者が身につける一番はじめの目標にします（図1）。

図1　斜面に立つ

①定位感能力
私の運動について、絶対ゼロ点から今ここの方位性を感じ取る能力のこと。

［関係する原理・本質法則］定位感能力①[1]

　スキーを履いて斜面に立つには、スキーの道具を介して自身の身体と雪の斜面を含む空間との関係を身体で〈内から〉感じ取らなければなりません。斜面で、滑りやすい足もとなのです。経験を積んだスキーヤーは特段に意識することなく、〈身体に任せて〉斜面に何事もなかったかのように止まれます。自身が自由に滑れる若い指導者にとっては、このような初心者の動きに共感して、そこからこの個別の身体に即した動感発生のための指導を考案することに想いが及ばないこともあるようです。お手本を見せれば生徒ができるようになると勘違いしているようにも見えます。

　日常生活で「立つ」ことにも定位感能力が働いています。「上」を身体でわからなければ立つことができません。スキーを履いて雪の斜面に立つことは、この日常的な定位感の応用といえるでしょう。それは、スキーをするために新たに学び取らなければならない動感能力なのです。斜面を滑るスキーヤーは、自分で気がついていなくても、その斜面で「立って止まれる」という感覚を持っているはずです。それがなければ滑る練習も始めることができ

ないと思います。

[指導事例] スキーのはじめての滑降

　滑り出せない学生がいたので、「どんな感じですか」と聞いたところ、「先がどうなるかわからないので怖い」といわれたときがありました。その学生に平地で両板のテールを大きく開き出すコツと、スキーの板に対する腰の位置を指導しました。そして徐々にスタート位置を斜面の上方に移しながら滑らせ、平地に立てたストックのところで確実に止まらせていきました。怖い予感が働いてしまう初心者には、安定した滑り出しと安全な止まりかたの習得が滑る練習の前提だからです。滑り出しから止まるまでのリズムの一回ごとのばらつきが次第に緩和されていきます。

　また別の学生は、「怖くはない」と語るものの、腰が引けて左右の開き出しのバランスが崩れて方向が定まらないなど、ハの字に開いた両板が一つの乗り物のようになっていません。そこで、その学生ができそうな多様なリズムの滑りを練習に入れてみました。直滑降からの開き出し、そしてプルークの状態で、両手を膝に置いたり、膝の曲げ伸ばしをしたり、大きく、小さく交互に開き出したりしてもらいました（図2）。姿勢の変化やリズムや雪の抵抗の変化を感じ取ってもらうためです。また、「ウーン」「パッ」などと、雪面を押さえるときに声を出してもらって確認します。このようにして滑りのメロディが傍目にも感じられるようになってきました。

図2　プルークで滑る

[関係する原理・本質法則] 時間化能力[2]

　初心者は、滑るということに「こうすれば、こうなる」という運動と感覚の循環が全くないのです。それは、自身の滑りの先取りができないということです。もちろん大きな不安が伴います。安定した滑りは、滑る人に「今までがこうだから、次はこうなる」という滑りの時間意識（メロディ）が明確にとらえられています。これを発生させるためには、似た動きの感じの経験、すなわち多様な動感アナロゴンを貯えさせていくことが大切です。学習者との共同作業のなかで、目標とする動感の発生に向けて、徐々に時間意識として動く感じが「わかる気がする」ようになってきます。[3] 初心の指導者は外から見た滑りの姿勢を変えさせようとする傾向を否定できません。指導者はメロディとしての動感の発生に注目しなければなりません。

（佐藤　靖）

［文献］
1）金子明友『スポーツ運動学』明和出版、2009、pp.197-201
2）金子明友『身体知の形成（下）』明和出版、2005、pp.12-17
3）金子明友『わざの伝承』明和出版、2002、pp.419-422

2. わざを伝えるために

（2）学習者のわざの共感的観察とコミュニケーション
① 学習者のわざを観察する

今まで経験したことのないスポーツ種目のわざを学ぶ初心者が、「怖くてできない」ということがあります。学習者が怖いと感じるのには、その動きそのものの未知の怖さ、間違った感覚での怖さ、過去の失敗体験からの怖さなど、いろいろな怖さがあります。指導者は学習者と同じ感覚になって、何が怖いのかを観察によって読み取り、その怖さを解消してやらなければなりません。

［観察事例］ できない開脚とびの観察

例えば、とび箱の開脚とびで助走してきてとび箱の手前で止まってしまう学習者の場合を考えてみます。この学習者に対して、「もっとスピードをつけて助走して」とアドバイスする指導者に、「スピードをつけたらもっと怖いのに」と思う学習者がいます。この指導者は学習者の怖さの中身を理解していません。それとは異なり、学習者の動きかたの観察から、なぜ止まってしまうのかを学習者の身になって考えられるベテランの指導者もいます。その指導者は、開脚とびができるために必要な身体知（動感構造：動きかたのしくみ）①を知っています。例えば、助走から跳躍板・とび箱までの距離感、片脚から両脚踏み切りへの切り替えの感覚、手支持跳躍の感覚、着地の先読みなど、多くの動きかたの感覚が全体としてひとまとまりになって、はじめて開脚とびが成功することを理解しています。また、助走スピードが上がった場合の跳び越しかたは、それに合った踏み切り動作が要求されること、そして、踏み切り前後の主要となる動きかたができるという前提で、そのための助走であることをも知っています。課題となる主要な動きかたにどんな身体知が必要とされるのか、学習者にはその身体知が準備されているのかを、指導者は確認できなければなりません。

動きかたができるときには、「できる・できそう」②ということが学習者に漠然と感じられるものです。この感覚さえない学習者は、どうやったらできるのか全くわからないのです。「怖い」「跳べそうもない」と感じている学習者の動きかたのなかに、どんな動く感じが不足しているのかを共感的観察によって見抜くことで、その学習者に合ったアドバイスができるようになります。

動きかたの感覚はできてみてはじめてわかるものです。怖さの解消には、

---

①動感構造
ある動きかたを行おうとするときには、その動きかたの動く感じが身体で前もってとらえられています。運動学ではこのことを、動感が「先構成」されているといいます。動きかたに現れる「先構成」された感覚は、過去の経験によって蓄積された動感が様々なかたちで関与しているといわれています。
「先構成」から考えるとび箱の指導では、「終わり」から教えるという方法があります。まず、開脚とびの一連の動きで最後となる「着地の先読み」のための練習課題を設定します。様々な安全な下り方を身体で覚えた学習者は、次の課題となる手支持跳躍のズレにも対応できる安全な着地ができる感覚で、「怖い」と感じることも少なくなります。

②できる・できそう
③まぐれ
ある動きかたがいつでも上手にできるようになるためには、身体がその動きかたを覚えるまでに多くの経験・過程が必要とされています。この一連の流れを、運動学では動きかたの動く感じ（動感）が身体で創られる（形成）という意味で、「動感形成位相」と呼んで、五つの位相に分けています。第三番目の位相にあたる「まぐれ（偶発）位相」には、「はじめてできた」ということから「できたりできなかったり」という現象が含まれます。そこでは、なぜできたのかは学習者本人にもまだわかっていません。覚えたばかりの動きかたに、いつでもできるコツをとらえて第四番目の「コツの習得（形態化）位相」に向かうことが必要です。

怖くない動きかたの感覚世界を実際に経験させるしかありません。その際、一度だけのまぐれ③の経験では、学習者が新たな身体知を獲得したとはいえません。何度も成功していくなかで、その感覚を身体が覚えていきます。指導者は、学習者の動きかたがまぐれでできたものなのか、確かなコツをつかまえたものなのかを、共感的観察によって見抜かなければなりません。

［関係する原理・本質法則］共感的観察

学習者が行うわざを観察したときに、「膝が曲がっている」「肘が曲がっている」などと、その「外形的特徴（外からみたかたち）」が観察できます。そのかたちから、膝や肘を「伸ばそうとしていない」と考える指導者がいます。それに対して、膝や肘を「伸ばそうとしているが伸ばせないでいる」と、学習者が「何をどうやろうとしてどうなっているか」まで考えられる指導者もいます。同じわざを観察しているのに、その観察の評価が異なるのはなぜでしょうか。そこでは、観察の考えかたが異なっているからです。

動きかたを観察するとき、外から見た動きのかたちがまず目に入ります。この「外形的特徴」の観察は、人間の行う運動を物質的運動ととらえて観察する方法です。行われたわざを映像で保存して、後からスローモーションや一時停止の機能を使って「外形的なかたち」を詳細に確認することも同じ考えかたです。

それに対して、運動学でいわれている観察は、共感的観察として「内から見る観察」ともいわれ、学習者の動きかたに指導者自身の動感を映して共感しながら観察する方法で、移入観察④ともいわれます。移入観察の前提には、前述の通り、学習者と指導者の動感出会いが必要とされ、そこから同じような動きの感じを互いにとらえられる動感連帯感が生まれます。この前提のもとに移入観察ができる関係が生まれます。

この観察は、学習者の行う動きかたに隠されている「何をどうやろうとしたのか（動感志向性）」を読み取ろうとするもので、地平分析⑤ともいわれます。学習者の「動感志向性」のもとには、「わざができるためにその人が持っている身体知」が働いています。この運動学的な移入観察（共感的観察）は、誰にでもできるというものではなく、多くの動きかたを動感として詳細に検討してきた人だけができる観察方法です1）。そのため、観察訓練を受けていない指導者と共感的観察のできる指導者では観察能力に大きな違いがあり、学習者の行った動きかたを一緒に見ても、「見る人によって」見えるものが異なることがあります。共感的観察のできる人は、学習者の身になって、学習者が見る・見える・感覚している世界がわかる人です。

（小海　隆樹）

④移入観察
指導者が学習者の行った動きかたに、指導者自身の身体感覚を移し入れてみることから、「身体移入観察」といわれます。「できない動きかた」のなかに「できない動感」を見つけ出すために、「学習者の身になって」といわれる方法です。この方法が使えるためには、指導者自身が、その場で見た学習者の「できない動感」を、動いた感じとしてわかっていなければなりません。

⑤地平分析
学習者が身体でわかっている動く感じ（動感世界）の全体を指して「動感地平」という言葉が用いられます。動きかたを行うときには、意識的な感覚（表に出る感覚）と無意識的な感覚（裏に隠れる感覚）が混在します。例えば、歩くときには、「あそこに行こう」というなんとなく意識的な感覚はありますが、「脚をこうやって動かそう」ということはほとんど無意識で行われます。このように多くの動きかたで、意識的な感覚はごく一部で、ほとんどは、無意識的な感覚で動きかたが成立しています。また、歩くときに「脚をこう動かそう」と意識することもできますが、その際には、「あそこに行こう」という意識は薄くなります。つまり、意識的と無意識的な感覚を入れ替えることもできるのです。ただし、その動きかた全体には、常に意識的・無意識的な感覚が存在しています。それらすべてをまとめて「動感地平」という言葉が用いられています。

［文献］
1）金子明友『身体知の形成・下』明和出版、2005、p.134-

2. わざを伝えるために

（2）学習者のわざの共感的観察とコミュニケーション
② 学習者のわざの動く感じを把握する

[指導事例] バスケットボールのドリブル

　大学の二十名ほどの演習授業で、ある学生がバスケットボールのドリブルがうまくできず、ボールをコントロールすることができません。それを見ていたバスケットボール経験者の学生が、自分自身の動感をもとに「もっと指をうまく使って」というアドバイスをしました。しかし、ボールを指で突くような変な動きかたになってうまくいきません。他の学生のいろいろなアドバイスでも、ドリブルらしい動きかたにはなりません。その指導の様子を見ていた教員が、学習者に不足している感覚を探して[1]いると、ふと「ドリブル全体感覚」での床との関係を思いつきました。そこで、教員から「ボールを床に向かって押して」というアドバイスが出されました。それを聞いた学習者のドリブルでは、ボールが床から手のひらに向かって戻ってくるようになり、コントロールできそうなドリブルに変わりました。学習者にどんな感じか聞いてみると、「床がわかりました」「ドリブルってこうなんですね」というものでした。この言葉の意味するものは、ボールと手のひらとの関係しかなかった学習者のドリブルに、床との関係も取り込んだ全体の感覚がわかり、新たな動く感じが獲得されたと考えられます。

[指導事例] 卓球のラリー

　卓球の初心者で、ラケットとボールの距離感や打ち返す方向がつかめず、返球がうまくできない学生がいました。この学生の打ちかたには、ボールの動きを追うように見ること、ラケットをボールに当てようとすること、打ち返す方向は考えていないことが、教員の観察で確認できました。そこで、ラリーの練習のなかでシェイクハンドラケットのバック面を身体の正面に構え、相手コートのエンドラインだけを見て打つように学習者に指示しました。数回の練習で、相手コートのエンドラインに近い真ん中に返球できるようになり、新たな動きの感じを身につけていました。このとき指示した方法には、打ち返す方向を常にとらえておくこと、ボールを凝視するのではなく視野の一部に入れておくこと、合わせてボールの飛んでくる軌道をとらえることが意図されていました。指導者の意図した通りに学習者が「ラリー全体の感じ」をとらえたと考えられます。

[1]感覚を探す
指導者が学習者の動きかたを観察するときには、学習者が何をどのように行おうとしているのかをとらえる必要があります。うまくできない動きかたのなかに、学習者が勘違いしていることを見つけ出すために、動きかたができるときの感覚との違いを探し出さなければなりません。この事例にあるドリブルでは、学習者がボールとの接触時にどんな動きかたをしているのか、それは何をしようとしているからなのかが探られました。まず、「ボールをたたくような仕方」を指導者が真似てみることで、その動きかたがどのような感覚で行われているのかが確認されます。そして、指導者自身が普通のドリブルを行っている際の感覚を改めて確認することで、「何をしようとしているのか」が全く異なることがわかってきます。そこから、その違いを埋めるための方法が考えられ、指導者の感覚から引き出されたものが、学習者に伝えられることになります。

［関係する原理・本質法則］観察分析・交信分析

　学習者の動く感じの把握は簡単ではありません。運動学ではそのために観察分析と交信分析②という方法がとられます。観察分析とは、学習者の動きかたに共感しながら観察することで、交信分析とは、観察分析だけでは十分に明らかにできないことを、学習者に問いかけてはっきりさせようとするものです。観察分析と交信分析は車の両輪で、学習者の動く感じを解明するための方法です。これは移入観察、移入交信といわれます。移入とは指導者が学習者の動きかたの感じを学習者になりきって感じ取ることで、その動きかたをなぞるように、疑似的に行ってみることです。

　ベテランの指導者は移入観察分析で学習者の動く感じを即座に見抜くこともできますが、それだけでは学習者の感覚をとらえられないこともあります。その際、移入交信分析として質問を投げかけます。これは「借問」③と呼ばれる方法です。最も多く行われる聞きかたは、「いまの動きはどうでしたか」というものです。この大雑把な聞きかたに対して、きちんと答えられる学習者もいますが、ほとんどの初心者はなかなか答えられません。学習者が何らかの意識をして動きを行った場合、「こうしようとした」ということは答えられますが、実施した動きに対して「こうだった」と答えられないこともあります。移入交信分析の目的は、学習者の動きの感じを明らかにすることです。うまく聞き出すことで、学習者の間違った思い込みなど、聞いてみてはじめてわかることがあります。さらに、観察・交信分析の対象としては、動きそのものだけでなく、動き前後の学習者の「しぐさ」や「表情」の変化、借問に対する反応をとらえることもあります。学習者のすべてをとらえることで移入が成立します。できない動きにはできない動く感じが含まれています。指導者は、学習者の動いている感じがどのようにまとまっているのかを、移入観察・交信によって注意深くとらえる必要があります。

　この移入観察・交信には、さらに難しい課題があります。その難しさは、動く感じのなかに意識的に行っていることと無意識的にできていることが混在することから生じます。学習者が意識的に行っていることであれば簡単に聞き出すことができますが、無意識的にできていることは学習者本人も知らないことです。例えば、「どうやってボールを投げているの」という問いかけに対して、「遠くに投げようとしている」ことしか意識していない学習者には、腕や脚の動く感じは無意識的にできていることで、具体的なことは説明できません。この無意識的なことも含め、学習者の動く感じ全体を把握するために、指導者は借問能力を身につける必要があります。

（小海　隆樹）

②観察分析・交信分析
運動学では、学習者の動いている感覚を確認するために、指導者が学習者の動いている感覚をそのまま真似ることが求められます。これは学習者の動きかたを「代わりに行ってみる」という意味から代行分析といわれ、そのためのもととなるのが見抜くこと（観察分析）と聞き出すこと（交信分析）とされています。

③借問
交信分析の方法として行われる「借問」は、指導者に要求される専門的な能力としてとらえられています。「借問」は単なる「質問」ではなく、学習者の行った動きかたの感覚を明らかにするための方法で、様々な方向からの質問が投げかけられます。何をどのように聞き出せるかは、指導者の持ち合わせている感覚に依存します。「借問」の際に注意しなければならないのは、聞いてよいことといけないことを区別することです。指導者の発する言葉は学習者に様々な影響を与えます。「余計な一言」が、学習者の感覚を混乱させることもあります。

2. わざを伝えるために

（2）学習者のわざの共感的観察とコミュニケーション
③ 学習者の関連する持ちわざを確認する

［指導事例］スキップを覚える

　ギャロップはできるのにスキップのできない小学5年生の男子①に、左右のギャロップを数回ずつ行わせ、左右それぞれのギャロップの回数を減らしていったところ、スキップができるようになりました。

　同じスキップの習得例で、大学院1年生でスキップのできない学生②がいました。その学生はギャロップのリズムも刻めない学生でした。スキップをやろうとすると踵だけで地面を踏むような動きかたになり、足がほとんど地面から離れず、足踏みをしているような動きかたをしていました。その場にいた大学院生数名が指導者となり、スキップができるように様々な指導を行いました。かなりの時間をかけてスキップができるようにはなりました。最終的にできるようになった感覚は、背中を意識した「上半身の引き上げ」でした。

　指導前半での大学院生のアドバイスは、ほとんどが脚の運びやリズムに関するもので、できないスキップの動きに特徴的に見られた部分を修正する方法でした。指導後半に教員から指導者に対して、「上半身を引き上げていないのでは？」というアドバイスが出されました。指導前半の様子を見ていた教員の観察では、学習者のできない動きかたには、脚を床から離すという意識が強く、身体全体が空中に浮きあがるという意識がないように見えていました。教員の指摘を受けた大学院生から上半身の動きかたを変える指導言語がいくつか出され、ようやく学習者が勘違いしていた感覚をとらえて、一気に動きかたを変えるアドバイスができました。この感覚の違いをもう少し早く指導者側が気づいていれば、もっと早い段階でスキップが完成していたかもしれません。また、この学習者が、スキップができるようになったのは、上に跳び上がるという動きかた自体は過去の経験のなかにはあったものの、それとスキップ動作が関連づけられていなかっただけとも考えられます。

　その場でのジャンプ動作にも同じような例が見られます。幼児のジャンプによく見られる動きかたとして、上下動のほとんどない足だけを地面から離すような跳びかたがあります。この跳びかたをするのは、足が地面から離れるのがジャンプだと思っているからだと考えられます。地面を足裏全体で押して膝だけを持ち上げるような動作で、身体全体はほとんど上に上がりませ

①スキップのできない小学5年生の男子
スキップの習得には様々な方法があり、幼児期では模倣によって覚えることが多いといわれています。模倣による習得では、指導者が指導に関わったとしても、学習者のできない感覚を探る専門性はあまり必要とされません。この指導事例は小学生への事例であり、比較的短時間でスキップが発生したものです。この学習者の場合、ギャロップのリズムとスキップのリズムが類似していることを知らなかったことと、単純に左右の交互リズムがとらえられていなかったことだけと考えられます。学習者が身体で覚えていた類似のリズムを変えるだけで習得できた例です。

②スキップのできない学生
大人になってから新たな動きかたを習得することは、幼少時に比べると難しいとされています。その一つの理由として、子どもは動きかたを「身体で考える」のに対して、大人は「頭で考える」ともいわれています。この指導事例は、指導者にとっても難しいものでした。この学習者が行おうとしているスキップでは、スキップの脚の動かしかただけを必死に真似るような感じで、視覚でとらえたかたち（外形）をゆっくりとなぞるような動きかたでした。動きかたを模倣する場合、その全体のリズムをとらえて行うと成功する場合があります。それとは違って、この学習者のように、身体の部分的なかたちをなぞるように行うと、動きかたの習得で最も重要な全体のリズムは発生しません。この指導では、脚の意識を上体の意識に変えることで、スキップ全体のリズムが発生したと考えられます。

ん。このようなジャンプを普通のジャンプにするためには、身体全体が空中に上がる感覚を経験させることで、新たな感覚の動きかたを身につけさせることができます。具体的には、自分の目線よりも上にあるものに向かって跳び上がる動作や、トランポリンなどを用いて空中に上がる感覚を経験させることです。

[関係する原理・本質法則] 深層の動感

　学習者が新しい動きかたの練習を始めるとき、それと類似の動きかたを経験していると比較的早く習得できることがあります。運動学では、動きかたの学習には学習者がわざを覚える前に持っている身体知の確認が必要とされています１）。学習者が過去にどのような動く感じを身につけてきたのか（動感運動生活史）③を知ることで、「できそうな動き」や「まだできない動き」をあらかじめ確認できます。この確認は、単純な学習者への聞き取り調査だ……たの観察や交信によって行う必要があります。なぜ……えている知であり、それを学習者が正しく言表でき……。

　……関連する持ちわざを確認することで、指導の手立ても……わざの確認では、様々な動きかたでどんな動く感じが……らかにしておく必要があります。その場合、「かた……の違いに注意する必要があります。初心者指導でよ……として、「ゆっくり行う動き」があります。「ゆっく……かたち」は真似できても、「リズム」を真似ることは……きかたにはその動きかたに合ったリズムがあり、指導……を経験できるような類似の動きを多く経験させるこ……ます。また、動きかたのリズムがわからない学習者の……ります。「んっ」と力を入れるのか、「ん〜っ」と力を……全体が大きく変わってしまいます。

　……かたには、学習者の感覚の意識（感覚地平）が含まれ……きかたを観察すると、まず特徴的な動きや目立った動……かし、その動きが学習者の本質的な志向性を表現して……かえって、観察の難しい微妙な動きのズレやリズムの……の深層意識④が隠されていることがあります。指導者……気づく身体知が必要とされています。学習者の動きか……向性をとらえることで、指導に有効な情報が得られま

（小海　隆樹）

③動感運動生活史
学習者の身体知は、過去の様々な経験がもととなって構成されています。その身体知は、どんな時期にどのようにどれくらいの動く感じを経験したのかによって、蓄積のされかたが人によって異なります。運動学では、この蓄積してきた様子を「動感運動生活史」または簡単に「動感生活史」として、指導を始める前に確認すべき内容としてとらえています。学習者の動感生活史は人それぞれです。指導者は、学習者が過去の経験から身体でわかっていることを上手に探りながら、そのときの学習者に合った練習課題を見つけてやることが必要です。

④深層意識
学習者が動きかたを行う際に「こうやろうとしている」という意識は、動きかた全体を構成する意識のほんの一部といわれています。学習者の意識にも上らないもの（深層意識）に、動きかたを変える重要な感覚が隠されていることがあります。

ジショサポキャラクター
じーにゃす
©Taishukan

JISHO SUPPORT
ジショサポ
動画　ドリル
辞書引きを
楽しくサポートする
無料アプリ
大修館書店

［文献］
１）金子明友『身体知の形成・下』明和出版、2005、p.137

2. わざを伝えるために

（3）共感的観察の展開
① 学習者の動きの感じを指導者の身体で模倣する

[指導事例]
学習者の身体を通して考えるマット運動の前転とびの指導

　この項では、学習者の動きの感じを指導者の身体でバーチャルに模倣し（代行）、その感覚世界を踏まえ、コツやカンの感じをどのように伝えていくのか、またそのタイミングはいつなのか（処方）などを、一連の指導事例から解説していきます。

　まず、マット運動の前方倒立回転とび（前転とび）の指導事例を挙げてみます。もちろんこのわざに入る前にはいくつかの接転わざや翻転わざ、倒立やブリッジの練習など、前提となるわざの確認をします。学習者には最初にお手本を示した後、安全性を確かめ実施させてみます。それらの前転とびの実施を見ていると、ホップから手をマットに着くと同時に頭を両腕の間に突っ込み、すぐに腰や膝が曲がり背中やお尻での着地になる学生、あるいは、なんとなく倒立回転にはなっているものの、勢い余ってしゃがみ立ちになる学生が多く見られます。このわざははじめて行う学生も多く、このような倒立位を経過するという動感志向の欠落を感じさせる実施、経過全体のなかでの自分の居場所の〈今・ここ〉をとらえること（定位感能力）ができていない実施、立つことだけに志向しているような実施が感じられます。この時点で学習者に対し借問してみても、「どうなっているのかわからない」「勢いが足りない」などの回答が多く、まだコツを探っている（探索位相）段階であることがわかります。このように、指導者が学習者の動きの内容を考えることはさしあたって重要です。

　次に倒立静止の練習例を示します。補助倒立である程度姿勢が保持できるようになると、手をその場で動かす、歩く、止めてみる練習をします。止める練習では、足で立った姿勢を例に取り、「足の指が手の指だとしたら前に倒れそうになったとき足の指で床面を

倒立静止の練習

握るように押さえるでしょ」というと、「なるほど」といいながら試してくれます。はじめは倒立が止まれそうなバランスの取れる位置に導きながら、少しずつ補助の手を放し、動きそうになったら支えてやるという動作を繰り返し行いますが、そのうちまぐれで数秒間止まれる学生が出てきます（図）。学習者はまぐれにもかかわらず、この数秒間の感覚に大喜びします。このようなバランスが取れる位置へ導く補助は、指導者が学習者の身体で考えて行わないとうまくいきません。

[関係する原理・本質法則] 代行化本質法則[1]

指導者として「失敗の真似も満足にできないレベルでは指導者失格」[2]といわれるように、いろいろな動きを試してみることは、そこにどんな動感素材が欠落しているのかを探るチャンスでもあり、後に続く処方のためにも身につけておかなければならない大事な事柄です。わざを指導するとき、その動きの真似がうまくできるようになれば、学習者の間違った動きかたを自らの身体で感じ取ることと向き合うことになります。さらにそこから、学習者との動感対話を深めていくことで、そのわざの動感世界を共有することもできるようになります。

授業で行っているわざのお手本を体操競技が専門種目である学生にやらせることがあります。そのとき、何もいわないと本人の最高の実施をしてしまいます。そこでこちらが慌てて、「今の学習者たちの出来栄え（動感形成位相）に合った実施を見せてやって」と指示をしますが、思ったようなお手本にはなかなかなりません。また、学習者が行ったわざの真似をしてもらったりもしますが、そこでは、たいていの専門学生は今見たわざのかたちだけにとらわれ、「どんな感じ」で学習者が動いているか、という志向形態にまで踏み込めないケースがほとんどです。指導者は、学習者がまだ自身の動きの感じをとらえきれていなくても、その身体が志向している動感の形態を探り出せなければなりません。

スキー・スケート指導で「雪や氷を押す、脚をハの字や逆ハの字に開くように」、倒立指導で「手で床を押す、上に伸び上がるように」などのアドバイスをすることがあります。以前、学習者に「どの方向にどこで、どうやって押す、上ってどこ、どのくらい開くのですか」などの質問をされたことがありました。確かに、学習者がとらえている「上」や「押す」感覚は、外から動きを観察しただけではわかりません。この質問は、改めて学習者の動きの感じを指導者の身体で（バーチャルに）模倣する代行について、観察や交信がベースになっていることを気づかせてくれました。　　　　　　　（田口　晴康）

....

［文献］
1）金子明友『スポーツ運動学』明和出版、2009、pp.326-333
2）金子明友『身体知の形成・下』明和出版、2005、p.216

2. わざを伝えるために

（3）共感的観察の展開
② コツとカンの感じを伝える

....

[指導事例] 感じを伝える呈示

　ここでは、前項からの前転とびの指導に当てはめ、動きの感じをどのような呈示の仕方で伝えるのかについて探ってみます。このようなわざの指導では、いくつかの技術的ポイントの呈示の前に、まず全体の運動経過を意識できるようになることが大切です。

　そこでまず、フィジオロール① （図）を使用し、その手前で倒立をして前方に倒れ回転して立つ練習を取り入れています。これは、先の例でも明らかなように、倒立経過が意識できず、力任せに行っている学習者が見られることから、まずは倒立からブリッジのように回転して足の裏でマットを感じながら立つという感覚づくりが必要と考えたからです。はじめは、その用具の弾力性をうまく使えるとその反動で立たせてくれるような感覚になり、学習者も「不思議な感覚」といいながら行っています。そのうち、倒立から回転して足の裏で立つという動き全体の運動経過、立つときの床と手や足の位置関係などがおぼろげながらわかってくるような動きに変わります。しかし、このまま続けていても用具に頼る癖がつき、その後のわざ捌きに悪い影響が出ることが考えられます。とはいえ、この先のわざの発生（偶発位相）に向かうためにも、このような動き全体の感じをつかませ、自分の体の位置関係を知ることは大切です。

①フィジオロール
ピーナッツ状の空気の入った柔らかな補助用具

フィジオロールを使って立つ

　卓球のシェイクハンドでバックの練習をしていたとき、なかなかうまく続かない初心者がいました。打ちかたを観察しているとお腹の近くにラケットを構え、そこから腕を前に伸ばしながら手首を使って振る動作が見られ、ボールの行方が安定しません。学習者には、「体とラケットの間に大きなボールがあるような感じでラケットを体から放してボールを当てるように」と指示をしました。ボールの当てかたについても、ラケットを振って当てるのではなく、親指でラケット全体を軽く前に押すような使いかたを意識させ、「ポンと当てるだけで前に飛んでくれるから」など感覚的な指示を出しました。この助言は、学習者がラケットを「振る」から「当てる」感覚に、そして「体とラケットの距離感」の理解を意図したものでした。その後、学習者自身「ラケットの位置」がわかってきて、ボールを「振って当てる」か

ら「前の方で当てる」に志向形態が変わり、感じをつかんでラリーが続くようになりました。

[関係する原理・本質法則] 呈示化本質法則[1]

コツやカンの感じを伝え、動感形態の発生を促すためには、客観的な外部視点を遮断して学習者の動感世界に入り込んでいくことが求められます。またそこでは、どんな教材をどんな順序で教えるかという道しるべを立ててやったり、線や目印、目標物を意識させたりすることで動感的な志向形態を呈示したり、映像、言語、擬声語、お手本などを駆使して交信、代行を繰り返し、処方に向かいます。

スキーで初心者にプルークボーゲンを指導しているとき、立ったポジションが高く後傾ぎみで膝を曲げることがなかなかできず、気持ちと体が同じ方向に行かない学生がいました。こちらがしゃがみ込むようなかなり低い姿勢での滑りを見せますが、それだけでは改善してくれません。あるとき、「手をブーツや膝に触れてやってみて」という一言で自然と低い姿勢になり、「下にある木を目標にしてみて」など滑る方向を示したことで曲がれるようになり、滑りのリズムを「シュッではなくシュー」「グゥグゥではなくグゥーポン」という擬声語で表したことで感覚的にわかり、動きが一気にスムーズになったことがあります。

映像呈示の場合、動きのかたちだけにとらわれ、学習者の「内側からの観察」つまり「どうやろうとしたのか」という動感志向性に踏み込んだ共感的な観察がおろそかになり、肝心な動きの中身を見逃してしまうことがあります。学習者も手軽に映像が見られることから、かえってそれが学習者の貴重な身体知の育成に対し妨げになることが考えられます。「どう動いているのか」を私の身体で考え、反省分析してコツやカンをつかんでいくのが練習です。

近年、スマートフォンや映像アプリの開発により、今自分が動いた映像が簡単に見られるようになってきました。携帯アプリのナビゲーションは行きたいところに見事に導いてくれますが、これに頼りきっていると土地勘が衰退していくといわれます。わざを覚えるときも同様のことが考えられます。学習者にはこれらの機器を使う場合、一度自分で今やった動きを振り返ってから見るようにと言い続けています。

（田口 晴康）

［文献］
1）金子明友『スポーツ運動学』明和出版、2009、pp.343-350

（3）共感的観察の展開

③ 時機を選んでコツやカンの発生への課題を示す

［指導事例］発生の時機

　わざの指導において、促発の営みを開始する判断はどのような情況に基づいているのでしょうか。

　前転とびの指導では、最終的に学習者の出来具合（動感形成位相）や、どのような立ちかたを目指しているのか（目標像）という違いはありますが、学習者の行動をよく見ていると、練習中だんだんと発生に近づき、「次できそうだ」と考えている場面を感じることがあります。

図1　体を反らせる感覚づくり

　先のフィジオロールを使っての指導では、その後倒立からブリッジをするように体を反らせる感覚づくりを行います（図1）。これは、足の振り上げや着地を高い位置で立たせることを目指した練習にもなります。ここでは同時に、ホップ動作、倒立回転のスピードやタイミング、頭部の起こしかた、突き手などを少しずつ意識させていきますが、慣れてきたところでこの用具に体が触れなくなるのが本物といいながら、こちらも用具を抜くタイミングを待ちます。この間、できる学生の手本を見せながら行いますが、全体の運動経過がスムーズになってきたところで再度細かなところを確認し、借問も併用しながら「いけそうだ」と思ったところでフィジオロールを抜きます。「ここにボールがあると思ってやってみて」とのアドバイスから行わせてみると、結構高い着地位置で前転とびの発生に至る学生が出てきます。

　このように、わざの発生時（偶発位相）を見極められるのは、指導者自らの身体知で学習者の動感運動の原点となっている始原身体知に注意を向けているからだと考えられます。

　スケートのバックスケーティングの指導例を挙げてみます。前方に滑るのとは違い、はじめは恐怖心から腰が引けた体勢で後方に移動していく動作が見られます。少し慣れてくるとその体勢でスピードがついてきますが、この動感発生時に悪い癖がついてしまうと、後で直すのに苦労することになります。なんとか早いうちによい姿勢で行えないかと考えたとき、学習者と向かい合って手の指をつかみ、こちらがフォアスケーティングでゆっくりと前に押して後方に滑らせる練習を取り入れました。学習者はこの補助練習により

安心感が生まれ、直立に近い姿勢で後方に歩くようになります。その後、学習者の手をつかんだり、放したりしながら少しずつ補助の手を緩め、後方へ滑る意識も「腰の後ろ」ではなく「背中から引っ張られる感覚」などといいながら志向形態を変化させていきます（図2）。練習中、こちらが「いけるな」と思った瞬間、手を放すと何かに気づいたように動きがガラッと変わったことがありました。聞いてみると、「靴に乗るようになった、後ろを感じた」との言葉が返ってきました。このようにフォームを意識させ、志向感覚を変化させたりすることは、学習者の始原身体知の充実に向かわせることを意味していますが、その様子を見ながら発生に向かわせるタイミングを探ってもいるのです。

図2　バックスケーティングの感覚の変化

［関係する原理・本質法則］促発動機化本質法則[1]

　わざの処方に向かうとき、「そのわざのベースとなる動きの習得情況（形成位相）」「体力的条件」「今までの運動経験」「最適化、最高化のどこを目標にしているのか」など、学習者のレディネス①の確認が大切です。例えば、前転や倒立がまともにできていないのに倒立前転には進めません。泳ぎのスピードアップのためには、必要な筋力強化もありますが、股関節や肩関節の柔軟性を先に身につけた方が早道である場合があります。野球経験者がゴルフを始めると、類似した動きの経験から習得の速さに違いが出ます。さらには、学習者の行っている動きが「どうなればよし」という練習目標は、促発指導に入る前に確認しておくべき事柄です。

　ベテランの指導者は、コツやカンの発生への課題を示す場合、現時点の学習者の「定位感や遠近感」「動きの志向先」など、始原身体知の充実度をチェックしながら「間髪を入れず」アドバイスしたり、まだその段階に達していないと判断した場合、注意深く観察して「時機を待つ」ことを行っています。

　指導者のなかには、1回の試技が終わるごとに次から次へと指示を出している、いわゆる「教え魔」といわれる人を見かけます。特に偶発位相段階では、まだ荒削りで欠点も多いことから、あまり細かな指示は避け、動き全体をかたちづくることが必要です。ここでは、指導者自らの身体知で学習者の動感運動の原点となっている始原身体知を見分ける作業は極めて重要な課題です。

（田口　晴康）

①レディネス
運動学習の際、学習者がその動きを行うために必要な条件や素地が整っている状態のことをいいます。

［文献］
1）金子明友『スポーツ運動学』明和出版、2009、pp.350-354

Ⅳ　スポーツ種目による
　コツとカンの特性と指導

1．計測種目のわざの特性と関心の発生

（1）時間計測種目への関心の発生

陸上競技のトラック種目、競泳、スピードスケートなどでは、競技力や運動技能の優劣を決める際に、0.1秒や0.01秒という時間が用いられ「測定競技」[①]という分類がなされています。この測定競技では、ダイナミックな、流れるような動きで行っても、一方で、どんなに風変わりな、滑稽な動きであっても、それに要した時間が短ければよい記録として認められ、順位もよりよくなります。ここでの「時間」とは、1日は24時間、1時間は60分、1分は60秒という、日常生活を営むなかで誰にでも共通な「時間」として確立されているもので、「絶対時間」[②]といわれるものです[1]。

［観察事例］走る動き

時間計測種目として頻繁に用いられる「走る」という動きは、一般的に誰にでも「できる」という運動です。日常生活であれば、駅に向かって歩いて行き、電車の発車時刻に間に合わないと感じたら「小走り」になり、さらに、このままでは間に合わないと感じれば、「走る」という動きに変わり、スピードも増していきます。このときの「間に合わない」は未来のこととして〈先取り〉されています。この先取りが駅に向かう歩きかたを変化させています。「絶対時間」では、原因はいつも過去にあり、まだ起こっていない未来は原因とはなりません。日常生活での「走る」動きとその変化は、絶対時間では考えられないのです。今から動いてある時刻に間に合わせるという時間感覚も、すでに忘却の淵に沈んでいる過去の身体経験による時間的遠近感から呼び出されています。

学校体育や競技スポーツでの「走る」は、事前に走る距離が決められており、その距離に要した時間（絶対時間）の短長が判断基準となります。例えば短距離走であれば、決められた距離をいかに短い時間で走りきるかということが目的となり、電車の発車時刻に「間に合わない」から走り出すのとは異なる走りかたになります。さらに、長距離走のように距離が長くなれば、短距離走とは異なった走りかたをします。このように、日常生活のなかでは何かを目的として「走る」という運動を行いますが、学校体育や競技スポーツでの「走る」は、「全力で走りきる」や「効率的に走りきる」というように、あらゆる有用性を脱ぎ捨てた「脱目的性」[③]を背景に、どのように走るかが中心的な課題となり、動きをより洗練させることが中心となります。

①測定競技
スポーツなどで用いられる競技や種目は、「測定競技」以外には「評定競技」「判定競技」という分類がなされています。評定競技は、行われた動きの質に関わる規則に基づいて、判定競技は、ゴールがなされたかどうかを見極めることで優劣が競われることになります。

②絶対時間
アイザック・ニュートンが提唱した、力学のなかで用いられる時間概念です。絶対時間は、人が感じ取る時間感覚とは無関係に存在し、どのような場所でも一定の早さで進み、常に均一に流れることを意味しています。数学的な座標系の理解のもとで展開される時間概念です。

③脱目的性
体育やスポーツで何かを達成するために行われる動きは、その動きそのもの自体が目標であり、体力の向上や健康のためだけに行うものではありません。動きそのものが持つ意味構造を明確にする立場から、動きを検討する方向性を示しています。

[関係する原理・本質法則] 関心の発生は見て自ら動くことから

　学校などで開催される運動会や体育祭では、徒競走やリレーという種目が行われます。徒競走で、出遅れた子どもが、前を走っている子どもを追い抜くときや、リレーで大きく離された子どもが前を走る子どもにグングン迫って並び、追い抜いて行くときなどに、観衆から大きな歓声が上がる光景は、よく見られます。その際に、観衆には、追い抜こうとしている子どもの勢いが目に映り、追い抜かれる子どもは、まるで「止まっている」かのように感じられます。スピードに勝る子どもの走りに、視線は吸い寄せられ、抜かれる子どもが動いていないかのように感じ取られるのは、追い抜こうとする子どもの真剣さや必死さを、先述の「絶対時間」とは異なる「生命時間」④のなかで見ている人が共存できるからです[2]。

　一方で、授業などで、速く走れる学習者に示範をしてもらうと、その動きは何かしらの特徴を表していて、見ている学習者からは「ウォー」「凄い」「スムースだ」などの声を聞くことになります。これは、走るという動きのダイナミックさとスピード感が、見ている学習者に伝わり、そこに非日常的な驚異性が蔵されているからだといえます。ところが、示範を見た後に、「示範してくれた人は、なぜ、速く走れるのか？」と質問すると、見ただけでは何が行われているのかがわからないためか、「もっとゆっくり行ってほしい」という無理な注文も出てきます。さらに、「どうして速く走れるのか？」と再び質問すると、「体力があるから」「走るときの一歩が大きいから（ストライド）」「脚が速く動くから（ピッチ）」といった返答が大半です。そこで、学習者が答えた「体力」「ストライド」「ピッチ」を高めるトレーニングを行うと、「先生、速く走れるコツを教えて下さい」と示範を見たときとは異なることを学習者は聞き始めます。走った人の動きを外から観察し、得られた観察内容は、絶対時間の科学的思考に影響されるのが通常の学習者です。しかし、実際に決められた距離を自ら速く走るとなると、走ったときの体感や、コツとなり得る感覚情報を知りたくなるのが、本来の姿でしょう[3]。誰にでも「できる」動きであっても、新たな課題が生まれると、課題に適合する身体の動かしかたを見つけ出し、その動きに関わる意識内容は非常に繊細になり、様々な感じかたを身につけることになります。

（石塚　浩）

④生命時間
人間が体験として感じ取る時間であり、個々人や、その人を取り巻く情況によって時間は均一に流れることはなく、その人自身が感じ取る時間の流れを意味します。絶対時間は均一ですが、生命時間は情況によって伸び縮みをすることになります。

[文献]
1）金子明友『身体知の形成・上』明和出版、2005、pp.158-159
2）金子明友『スポーツ運動学』明和出版、2009、pp.112-115
3）金子明友『身体知の形成・下』明和出版、2005、p.101

1. 計測種目のわざの特性と関心の発生

（2） 空間計測種目への関心の発生

陸上競技のフィールド種目やノルディックスキーのジャンプ競技での飛距離では、1cm、1mといった尺度が用いられ、先の時間計測種目と同じように、「測定競技」という分類がなされています。このような距離の尺度は、絶対時間と同じように、日常生活のなかで誰にでも共通する「絶対空間」①として認識され、一般的な長さや大きさなどに用いられている単位です。物理的な距離として、より遠くに跳（飛）ぶ、投げることが目標となり、測定された距離が長ければ長いほど、空間計測種目ではよい記録として認められ、順位も上位に位置することとなります。

①絶対空間
絶対空間は、絶対時間と同様に、アイザック・ニュートンが提唱した力学のなかで用いられる空間概念です。試合会場で体育館のなかが狭く感じる、広く感じるといった空間ではなく、誰にでも同じように不変不動を保ち、常に均一な尺度となることを意味しています。空間を3次元的な座標系とする理解のもとで展開される空間概念です。

[観察事例] 跳ぶ動き

日常生活で「跳ぶ」という動きは、道を歩きながら跳び越えることができそうな水たまりがあれば、水たまりに足を踏み入れることなく、ヒョイと片脚で踏み切り、反対足で着地し、そのまま歩いて行きます。しかし、跳ぶことができない水たまりだと感じれば、跳ぶことなく別の道を通ることになります。水たまりの大きさを計測して、○m○○cmだから「跳ぶ」ことが「できる」「できない」と判断することはありません。水たまりを見ながら歩いているなかで、自らの「跳ぶ」という運動の決断は、はっきりと意識に上ることなく決定されています[1]。一方で、持っている荷物や服装などによって「跳ぶ」という動きかたも異なってきますし、「跳ぶ」かどうかという決断も変わります。ここでも、「走る」と同様に、過去の身体的経験による空間的遠近感が呼び出されています。

体育の授業や競技スポーツでの「跳ぶ」は、陸上競技の走り高跳びや走り幅跳びといった種目が空間計測種目として行われます。1cmでも高く、または、遠くへ跳ぶことが目標となります。例えば、走り高跳びであれば、ルールで定められた片脚での踏み切りを行い、置かれたバーを落とさずに跳ぶことが求められます。一方、走り幅跳びでは、踏み切り線を越えることなく踏み切り、できる限り砂場の遠くに着地し、その痕跡と踏み切り線の距離を垂直に計測します。走り高跳びでは、物理的な距離としての「高さ」がバーによって示されていますが、走り幅跳びでは、安全に着地するとともに、踏み切り線からできるだけ遠くに痕跡を残すという動きが求められます。ここでも「走る」と同様に、「脱目的性」を伴って展開されることにな

ります。

[関係する原理・本質法則] 関心の発生

　授業などで、それぞれの種目を専門的に行っている学習者に示範をしてもらうと、それを見ている学習者は、ある特徴的なところだけに眼が奪われることが大半です。例えば、走り高跳びの背面跳び②であれば、示範された跳躍を見たときには、「バーの上で背中が反っている」ところに、走り幅跳びで、反り跳びで跳べば「空中で反っている」、はさみ跳びでは「空中を走っている」といった感想を持つようになります。学習者の視線は、日常生活では目にすることがない「非日常的な驚異性」が現れる部分に引き寄せられます。つまり、はじめは示範をした学習者の精一杯の、真剣な動きに関心が向かうことになります。「なぜ」「どうして」跳ぶことができたのかというところには関心が向かない状態です。これは、空間計測種目である投てき種目でも同じで、投げ出された投てき物が飛行している状態に目を奪われ、投げることを行った学習者の動きには目が行かず、印象に残りません。このような場面で、「示範してくれた学習者は、なぜ、高く跳んだり、遠くに跳んだり、投げたりすることができるのか？」と質問すると、先の「走る」と同じように、「もっとゆっくり行ってほしい」という注文や、「体力があるから」「脚や腕の力が強いから」といった表面的な回答に終始します。

　体力と動きには、緊密な関係がありますが、体力さえ向上すれば解決されるとしたならば、空間計測種目の面白さを体験することはできないでしょう。走り高跳びや走り幅跳びの場合であれば、「走る」と「跳ぶ」という動きを組み合わせなければなりません。短距離走のように全力で「走る」のとは異なった動きかたでなければ、跳ぶために必要となる「踏み切る」動きはできなくなります[2]。また、走り幅跳びでは、踏み切り板に対して「足が合う・合わない」といった問題も起きてきます。また、走り高跳びの場合でも、適正な踏み切り位置が存在します。

　「走る」と「跳ぶ」を組み合わせるには、常に「踏み切り準備」と「踏み切り」という走る動きを変形させた内容が含まれ[3]、「投げる」であれば「パワーポジション」という、投げる動作を行う際に必ず通過しなければならない体勢を作り出さなければなりません。空間測定種目は、動きの組み合わせや、物体に効率よく力を伝える動きが大切な鍵になっています。

（石塚　浩）

②背面跳び
背面跳びは、1968年メキシコ五輪でディック・フォズベリーが、背中をバーに向けた姿勢で跳躍し、優勝したことにより世界的に広まりました。着地場所が、エバーマットに変更されたことが、この跳躍法を広めた大きな要因です。施設・用器具の開発と、スポーツで用いられる動きとの密接な関係を示す例です。

［文献］
1) A．ゲーレン著、平野具男訳『人間』法政大学出版局、1985、pp.213-214
2) 金子明友『身体知の構造』明和出版、2007、p.198
3) 石塚浩「走り幅跳びの中心的課題をスポーツ運動学の視座から再考する―『踏み切り前動作』と『リズム』の側面を中心に」体育科教育 65-1、大修館書店、2017、pp.36-39

1. 計測種目のわざの特性と関心の発生

（3）計測種目のわざへの関心を導く指導

　計測種目は、物理的な時間の長・短や、空間の大・小で優劣を判定するため、学習者は測定結果（記録）に意識が向かいがちです。例えば、目標記録に対して0.1秒、1cm足りなければ失敗、上回れば成功という数値に価値を置いた判断をすることがほとんどです。これは、先述したように「走る」や「跳ぶ」という運動は、日常生活においては、一般的にやろうとすれば「できる」運動であるため、測定結果に意識が向くことは、致し方ない側面でもあります。しかし、学習者は目標記録を達成しようと自ら動いて、その結果を物理的な数値で計測するため、そのつどの自身の動きのなかから、学習者自身が感じ取れる内容に、記録達成の大きな鍵があることは明らかです。

[観察事例] 動く感じへの関心

　一定の距離を速く走る、できるだけ遠くへ跳ぶという計測種目であっても、合理的な動きかたがあります。例えば、「走る」ことは「できる」のだから、がむしゃらに何本も繰り返すことになると、学習者はただ単に、本数を数えるだけになります。計測種目の多くは、同じ動きかたを繰り返すため、行う回数の多さが決定的なものとなりがちです。しかし、人間の場合、同じ動きかたでも1本ごとに感じられる内容を、そのつど異なるように感じながら、動きをよりよいものへと変化させることができます。同じ動きを繰り返しているのに、1本走り終えた全体の感じや、一歩ごとの感じには異なる様相を感じ取ることができます。これは、動きを発生させたり修正したりする際に、身体感覚の能力を総動員して行う大変重要な現象であり、「動感反復化の基本原理」[①1]）といわれます。指導者が注意点を指摘し、学習者が行い、指導者からの「できましたか？」の問に対して、「ハイ、できました」「イイエ、できませんでした」の繰り返しでは、動く感じをとらえながら、新たな動きを習得することは難しくなります。さらには、学習者に「よい感じ」が出てこない場合、なんとなく同じ練習を繰り返すことになり、そうなると学習者には悪い癖がつく可能性も出てきます。

[関係する原理・本質法則] 動感への関心を導く

　ある練習手段が何回も同じように繰り返されると、動きかたへの関心は薄

①動感反復化の基本原理
同じ動きを繰り返しても、そのつどで異なった「動きの感じ」を感知すること。同じことを行っても、違う感じを得るという、論理的にはあり得ない現象が、人間が自ら動こうとするときに生じ、この差異化する能力は、運動の発生に大きな役割を果たす。

れていきます。これは、学習者と指導者双方に指摘できることで、単なる繰り返しの練習からの脱出口を見出さなければなりません。

　例えば、短距離走では、速く走るために必要不可欠な合理的な動きかたが存在し、それを習得するための補助練習として様々なものが考案されています。一般的に頻繁に用いられる補助練習に「腿上げ」がありますが、この名称通りに「大腿部が高く上がればよい」というものではなく、身体を支えている脚と、大腿部を上げる脚との関係を観察して、良否を判断しなければなりません。さらに、「腿上げ」は、地面に接地し身体を支えている脚と、空中にある脚を交替することで行われます。脚の動きかたの違いで、動く感じの違いがどのように生じるのかを確認しながら行われなければ、技術習得にはならなくなります。

　一方で、専門書等では、種々の練習を行うにあたっての具体的な注意点等が書かれています。これは、眼前の学習者個人に常に当てはまる内容ではないことに注意しなければなりません。

　体育の授業内では、学習者は指導者や学習者同士のアドバイスを聞いて、その内容から「どのような動きの感じを受け取ったのか」「どのような感じをつくって行おうとしたのか」が重要となります。そして、実際に行うことで、「行ったときの感じが、どうだったのか」といったところに関心を向けることが大切です。指導者は、質問すると同時に、自身の持つ動く感じを総動員しながら聞き、学習者の感じていることの〈核〉をその良否とともに把握することが必要です。また、「今と、その前の実施との違いはあるのか？」という質問に、「ある」との答であれば、「どのような違いか？」といったように、借問②を繰り返して、より深く理解していきます[2]。体育の授業などでは課題となる内容についての示範が行われますが、一般的に示範は上手な例のみが示されます。しかし、学習が展開されるなかでは、上手にできない学習者が必ず存在し、そこでは指導者の指導力が問われることになります。例えば、先の「腿上げ」であれば、大腿部を上げすぎて腰が引けた状態を示すなど、上手ではない示範も必要でしょう。上手になるためには、行ってはならない動きの感じを明確にすることで、新しく生み出したい動きの感じを事前に知ることも可能となります。この過程は、「縁取り分析」③[3]と呼ばれ、指導者の動きへの観察能力を高めるだけでなく、具体的な指示語の意味内容を深め、さらに、多襞的なものへと昇華することができ[4]、学習者の「できる」に直結する的確なアドバイスを生み出すことにもなります。

（石塚　浩）

②借問
指導者から学習者への動きの感じに関する質問を展開する際に、学習者の動きを身体で見つつ、さらに動きの感じに関わる些細な表現を身体で聞き、その全体を感じ取ることが基盤となる。その背景には、指導者の動きに対する観察能力レベルが存在する。

③縁取り分析
ある動きに関わる一つのコツを消したときの動感形態の変容を分析することでもって、動きを行う人にとって必要不可欠なコツを明らかにする分析方法。方法論としては消去法が用いられる。地平論的構造分析の方法の一つである。

［文献］
1）金子明友『スポーツ運動学』明和出版、2009、pp.238-242
2）同上、p.319
3）金子明友『身体知の構造』明和出版、2007、pp.186-240
4）石塚浩、吉田孝久、青山亜紀「スポーツ運動学における発生運動学を基とした陸上競技の指導に関するプロレゴメナ」陸上競技研究96、日本学生陸上競技連合、2014、pp.2-9

2. 球技のわざの特性と関心の発生

（1） ボール操作への関心を導く

[観察事例] 足わざに見とれる

　地面に転がっているボールを足ですくい上げリフティングが始まります。まるで手で扱っているかのようにしなやかにつき続けられています。足だけではなく頭や太腿など身体のあらゆる部位でボールを扱うさまは、身体とボールが一体になっているような感覚で、思わず見とれてしまいます。

　遊んでいるように見えるスキルに感心させられていた次の瞬間、空中にあるボールの周りを足で一周させ、ボールを落とさずにリフティングが続けられています。足を回すサーカスのような妙技。そうかと思えば、リフティングしていたボールをピタッと地面に吸いつかせるように止め、遠く離れた味方へ鋭い速さでキックします。また大きな弧を描いたカーブでも正確に相手の足元にボールが渡っていきます。目の前で展開されているその現象に、初心者は目を釘づけにさせられます。

[観察事例] ボール操作に夢中になる

　二人が、離れて遠くへ飛ばすキックには興味が湧くようです。手本となる蹴りかたを観察してもらうと、初心者が観察できることは、「助走が少し斜め後方からボールへ向かっている」「蹴る瞬間は身体を少し斜めに倒す」などといった外部の視点から見ることができるようです。しかし、そのことを意識して実践しても、ボールに力がうまく伝わらないばかりか、当たりどころが悪くて痛みを伴ってしまうことが多いものです。彼らは力強く蹴ることがボールを飛ばす要素ととらえているようです。

　このとき、指導者から「足の親指をジャンケンのグーのようにして、足の甲を伸ばしてみて」と声をかけてみます。初心者は何度かその感覚をつかもうと努力を重ねます。しばらくして見てみると、さっきよりも力まずに足の甲でうまくボールをとらえていて、足とボールがなじんでいるように見受けられました。そのときの動感を聞いてみると、「親指に力を入れて蹴ったときは、足に痛さを感じずにうまくボールをとらえた感じがしました」と手ごたえをつかんでくれたようでした。力んで蹴らなくても心地よくボールが飛んでいく感覚を習得することは、初心者でも可能なようです。

　初心者は痛みがなくボールを心地よくとらえる動感を経験し出すと、もっ

ボールをこすり上げて蹴る

とやりたいという
意欲が湧き出てき
ます。今度はどん
なボールが蹴れる
のか、自ら楽しみ
ながらボールへと向かっていきます。さらにゴールを設置することで、蹴る
動感はねらいを持った運動として熱心に取り組めるようになります。ゴール
のバー（ゴールの上の部分）に当てる課題を与えると、興味津々の反応を示
し、当てることができなくても「明日もやりたい」と夢中になってきます。
見ている周囲の人たちにも意欲の連鎖を引き起こすようです。

　また、蹴ったボールが曲がっていく蹴りかたにも興味を示してくれます
（図）。ここでは、ボールをこすり上げる感覚で蹴ってみると、ねらった場所
へ見事な弧を描いてボールが渡っていく感覚を体験することができます。初
心者でもボールをこすり上げる感覚になじんできて、ねらい通りの動作が
「できる」に向かっていることがわかる「楽しさ」は意欲を高めます。それ
はわざを習得するための反復を意欲的にし続けることを促し、わざの進歩を
もたらしてくれます。

［関係する原理・本質法則］
足わざのコツとカンおよび脱目的性の原理

　すでに述べたように、まっすぐ飛ばすキックには「蹴り足の親指に力を入
れて足の甲でボールをとらえるコツ」を身につけさせます。また、曲がる
ボールを蹴るときの「ボールの側面をこすり上げるコツ」が身につくと、意
図するボールが飛んでいきます。このように、蹴る動感がボールの行く先ま
で伸びていく現象を付帯伸長化の本質法則①[1]といいます。

　このような動感の本質法則は、これから獲得しようとするコツやカンが、
どんな動く感じなのかということを疑似的にわからせてくれるものです。こ
れを感じないままに、初心者がボール操作の練習を繰り返すと、よくない動
きが個癖化されてしまいます。したがって、うまく蹴るコツを身につけるた
めに〈身体との対話〉が重要な意味を持つことになります。徐々にこの感覚
がわかり始めると楽しさも増し、何度もやりたいという心持ちにさせてくれ
ます。自身が操作したボールが思い通りの軌跡を描いて飛んでいく様相は、
球技の魅力の一つです。このようなボールを巧みに扱うことには、スポーツ
運動の「脱目的性」②[2]の原理が背景にあります。それは、スポーツ運動が
美しさや楽しさや喜びなどを感じさせ、人間に特有な価値を創造できる原点
であるともとらえられるのです。　　　　　　　　　　　　　　（曽根　純也）

①付帯伸長化の本質法則
カンが身体の皮膚表面を越えて
ボールなどの用具にまで伸びてい
く現象をいう。箸を使って物を口
に運ぶときも同様のカンが働いて
いる。

②脱目的性の原理
スポーツ運動（わざ）は何らかの
有用的な目的（例：健康のため）
を脱ぎ捨てた運動です。逆説的で
すが、何のためにもならないから
こそ、限りない習熟を目指して努
力する可能性が生まれます。

［文献］
1 ）金子明友『スポーツ運動学』明和出版、2009、p.218-
2 ）同上、p.35-

2. 球技のわざの特性と関心の発生

（2）駆け引き感覚への関心を導く

[観察事例] 予想を覆される驚き！

　球技では自分対相手という対峙する関係が浮かび上がってきます。特にゴール前の攻防では、その関係で緊張感と切迫感を伴う情況が多く出現します。例えば、バスケットボールでスリーポイントシュートをしようとした瞬間に、体を投げ出して阻止しにくる守備者を察知し、その横をドリブルですり抜けることに切りかえて再びシュートを打つシーンが見られます。同様にハンドボールでは、シューターが大きく振りかぶった瞬間、ゴールキーパーが前に出てきた動きを見抜いてループシュートで決めるシーンも見られます。サッカーにおいても、シュートしようとした選手が守備者の動きを感じ取り、スライディングをかわしてゴールを決めるプレーが見られます。観る者にとっては予想を覆される驚きがもたらされ、その機転のきいたプレーに感心させられます。

[観察事例] 駆け引きの存在に気がつく

図1

図2

図3

　例えば、縦10mで横3m程度の枠のなかで、両端の線上を動いてよい二人がパスをつなぐ条件を設定します。さらに、この枠の中央に守備者が左右に動ける線を設定し、両端の二人のパスを阻止する内容を実施してみます。ボール保持者は、反対側にいる選手（○で囲っている）へとパスを試みます（図1）。このとき、守備者（白）はパスを通させないためにパスカットのタイミングをねらってパスコースへと体を移動させ、足でカットしようとします（図2）。ボール保持者がその守備者の動きを知覚できない場合には簡単にパスカットされてしまいます。守備者がパスコースを意識していないようであればそのままパスを試みますが、守備者がボールをカットしようと踏み出した場合にはその動きを感じ取り、パスの方向を変える巧みさを現出させます（図3）。ここに、相手の出かたに応じて自分の動きを臨機応変に対応させていくような、〈駆け引き〉の存在に気づくことができます。

　さらに「駆け引き」の感覚は、3対1という条件設定でも学習者に体験させることができます。ここでは守備者の動きを読んで、パスを通すことと別の味方にパスを変えることの駆け引きをすることに主眼が置かれます。ボール保持者が守備者の動きを感じ取った瞬間に蹴る動作を止めることもあり、

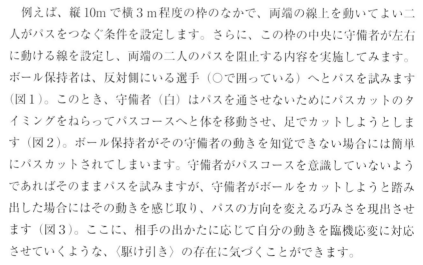

守備者にとっては舌を巻く瞬間といえます。また、お互い相手に異なった先取りをさせようとする駆け引きも自然と出てくるようで、このような場面を繰り返すなかで少しずつ駆け引きをし合う様相が出てくるようです。しかし、初心者が駆け引きをし始める初期段階では、相手の動きを見ようとするとパスが不正確になったり、あるいはパスを丁寧に出そうとすると相手の動きがよく見えずにボールを奪われてしまったりします。それでも、「駆け引き」への関心を持って何度も体験していくうちに、読みや探り合いを通じたより高度な「駆け引き」へと誘われていくようです。

[関係する原理・本質法則]
駆け引きの志向構造とコツとカンの反転化の原理

　図1では、ボール保持者が守備者の動き（ボールをカットしようと前のめりになっている体勢や、足を一歩動かす膝の動きやつま先の向きなど）から、パスカットの動作を見抜く観察をしていることになります。ここで、ボール保持者がパスを通すために駆け引きする志向には、守備者がカットしようとする動作を感じ取る「気配感の本質法則」①1）が機能していることになります。この気配感を察知することによって、守備者がカットしに行こうとした動きを感じ取り、別の場所へ蹴る判断をすることができるのです。

　図4では、守備者の足が届かないコースをあらかじめ見定めて蹴っています。これは「遠近感の本質法則」②2）と理解できます。球技では、より高度な水準に達していくと、相手や味方との距離感覚がプレーの質を決定づけることがあります。一方で、初心者の場合には簡単にボールをカットされてしまうシーンが頻繁に起こります。それは、相手守備者が届かないと感じられるカンを働かせても、蹴れるコツが身についてなければボールをカットされてしまうからです。逆に、相手のいない情況で正確に蹴れる技術があっても、守備者が奪い取れない距離カンが働かなければ、相手の守備範囲内でボールは簡単に奪われてしまうことになるでしょう。

　これらのプレーには、「コツ」と「カン」が同時に意識されることはないという、「コツとカンの反転化原理」③3）が指摘されます。つまり、熟練者では正確に蹴ろうとコツを働かせる際には、相手との距離や気配を感じるカンは隠れていても働いていますが、初心者ではまだこれができないのです。したがって球技の練習では、相手のいないところで寸分の狂いもなく正確にパスすることのみが反復されるのではなく、相手がいる情況で、相手や味方との距離感覚や、相手の気配を感じ取ったり、相手の動きを先読みするような〈駆け引き〉への努力志向が求められることになります。　　（曽根　純也）

①気配感の本質法則
漠然とした情況の雰囲気から身体全体の感覚として次にやってくることの〈気配〉を感じる能力。

②遠近感の本質法則
計測した距離でなく、情況のなかで感じる遠さ、近さをいいます。泳げない人にとって岸は遠く、パスが通る位置にいる味方は近い。

図4

③コツとカンの反転化原理
情況をとらえるカンとその情況で動くコツは本来一つの動感志向の両面です。一度に両方を意識することはできません。熟練者はコツからカンへ、またその逆へと自在に反転させながら動くことができます。

［文献］
1）金子明友『スポーツ運動学』明和出版、2009、p.200-
2）同上、p.198-
3）同上、p.54-

2. 球技のわざの特性と関心の発生

（3）自分のチームの有利不利に気がつく

[観察事例] **数的優位の空間に気づいて利用する**

　球技では、コート内で味方と相手が入り混じり攻守が頻繁に変わるため、一見すると有利不利の情況を把握しづらく感じます。前項で述べた通り、味方が多くいると「駆け引き」できることが確認できました（前項図3、図4）。つまり、味方の存在が効果的な攻撃をするために有利に働く要素となるのです。そういう観点に立つとコート内でプレーに関わっている人数の多い方が、有利な情況にあるととらえることは可能です。しかしそれは、単純に何人いるかと数えるのではなく、ボール保持者の情況に有意味な位置取りをして関係づけられている選手が何人いるかが焦点化されます。このような数的優位の場面のことを、バスケットボールなどではアウトナンバーとも表現しています。

　ただ、数的優位の空間に気づけても、それをうまく利用できない場合もあるようです。例えば、2対1の情況にもかかわらずうまく突破できないことがあります。なぜ一人多いのに相手の守備を突破できないのでしょうか。ボール保持者が守備者を引きつける動きをしてからパスできれば、パスを受けた選手は守備者のプレッシャーをより少ない状態で突破することが可能になるのです。このように局面を有効利用できる感覚が欠落している場合には、たとえその空間の数的優位に気づけても、有意味な関係をつくれずにゲーム情況を有利に運ぶことはできないことになります。

[観察事例] **数的優位の空間をつくる**

　3対3の設定で練習してみます（図1）。同人数での攻防が繰り広げられ続けるように想像されますが、図のようにAからCへパスが出された際に、BがCの背後から回って外側へのランニングをした場合、次の瞬間には2対1の数的優位の空間をつくれることがわかります（図2）。つまり、ボールを持っていない味方が、数的優位な情況をつくるために有意味な動きをしたと理解できます。

　あるいはもっと簡単に、相手の攻撃（黒）のボールを奪った瞬間に別の選手（白）が素早く攻撃に加わり、数的優位の空間（白二人と黒一人）を創出することもできます（図3）。攻守の切り替えの早さは、球技における数的

↑攻撃方向

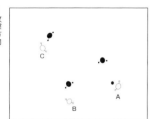
図1

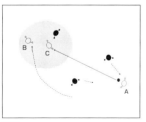
図2

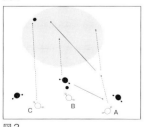
図3

優位をつくる手段の一つです。カウンターといわれる戦術では、ゴール前を強固な守備で固めて相手チームを自陣地深くまで誘い込み、ボールを奪った瞬間に守備が薄くなった相手ゴール前へ一気加勢の速攻を仕掛けて優位な情況をつくるねらいが基礎となっています。

［関係する原理・本質法則］情況感現象の本質法則

　球技では、コートに位置する味方と相手の多様な動きのなかに、なんとなく押し込まれていることを感じたり、なんとなくボールを支配され続けていたりするゲームの流れを感じ取ることがあります。それは「情況感現象の本質法則」①1) と理解されます。その法則に基づいて、球技ではその情況の意味を把握し先読みすることが求められます。例えば、サッカーにおいてくさびのパスを受ける情況が起こります。そのパスには、後方から上がってくるミッドフィルダーにボールを渡して数的優位をつくろうとしたり、あるいは相手守備者が集結しに来た場合にはサイドチェンジをしてそこから数的優位をつくろうする「しかけ」のねらいがあります。また、ペナルティーエリア付近で行われるくさびでは、パスを受けた後素早く反転し突破にかかるねらいにも利用されます。この場合は、直接得点に結びつく可能性もあって守備側にとっては非常に危険な情況となるのです。つまり情況の意味を把握して読めるようになることが重要視されるのです2)。

　このように、情況の意味を読み、これを複数の味方がコート内の別の位置にいながらも共有して、それぞれの役割を見出して有意味に動けることが自分のチームを有利に導くための要素になっていくと考えます。こうした攻撃を受ける相手チームにとっては、とてもやっかいな対応を強いられ、不利な感覚へと気づかされるのかもしれません。しかし、なんとなく押し込まれていると感じる理由を解きほぐすのにも、このように情況の意味を把握する必要があると考えます。

　球技における自チームの有利な情況とは、当然得点差に現れてくるといえるでしょう。また、これまで述べてきたように、数的優位の情況に気づき、その空間をつくり出すことも有利不利の現れにつながります。また、拮抗した試合では、情況の意味を把握しつつ、味方との有意味な関係性を認識して利用していくプレーが頻出することで、自チームの有利な運動現象を創出できるものと考えます。

（曽根 純也）

①情況感現象の本質法則
ゲームの情況判断に対して、漠然と感じる自身のチームの有利不利の価値覚を基礎にした情緒的な雰囲気による判断がある。マイナス方向の情況感を感じたときに、老練な監督はゲームの流れを変えるためにタイムをとることがある。

［文献］
1）金子明友『スポーツ運動学』明和出版、2009、p.229-
2）曽根純也「サッカーにおけるパス受け手の身体知促発指導に関する発生運動学的考察」スポーツ運動学研究30、日本スポーツ運動学会、2017、pp.42-44

3. 評定種目のわざの特性と関心の発生

（1） 回転運動への関心を導く

[観察事例] 回転めまいを楽しむ子ども

　子ども（小学校低学年児）が自由に遊ぶ場では、マットで転がったり、鉄棒やのぼり棒でいろいろな回転運動を楽しんでいます。子どもたちが回転運動で遊ぶのは、回転するときの〈めまい〉のような身体感覚と遊んでいるように見えます。この〈めまい〉はそのなかで定位感能力が働いているからこそ楽しめるのです。遊園地のジェットコースターやコーヒーカップなどのアトラクションで遊んでいるのと同様の感覚体験と考えられます。ここには、自身の身体感覚と関わるという、運動の習得に欠かせない契機があります。特に後方への回転運動では、身体が頭を越えていく局面で、上下左右の空間感覚が混乱します。

[関係する原理・本質法則] 後転のコツ

　後転の勢いをつける加速技術は知られていますが[1]、子どもがマット運動で後転をやろうとすると、なかなかスムーズに回転できません。見えない背中の方に移動するだけでも〈ためらい〉が生まれます。後方に回転するとなればなおさらです。子どもがまっすぐ回ろうとして頭を乗り越えられず回転が止まってしまい、横方向へ崩れることがあります。この動きを利用して、肩越しに斜め後転を導き出すことができます。子どもはこの斜め後転に否定的な評価をしないので、慣れてきたら反対側の斜め後転もやると、子どもは〈めまい〉感を楽しみながらまっすぐな後転の基礎をつくっていると考えることができます。やがて、まっすぐの後転に関心を持つときがやってきます。そのとき、この斜め後転の経験が見えないところでまっすぐな後転の動感の材料になるのです。

[指導事例] 低鉄棒　逆上がり

　逆上がりは、脚が十分に上昇して鉄棒を越え、腹部が鉄棒に引き寄せられ、それと同時に頭部が鉄棒の真下へ向かって後方に回転しながら落ちていくことが求められるわざです。脚部の振り上げと、これに同調した腹部の引きつけが有効に働くためには頭部の後下方向への動きが連動していることが大切です。この頭部の後下方への勢いある動きは、未経験の学習者には大き

な〈抵抗〉があり、なかなかスムーズに頭が下がりません。そこでは上述の後転の場合と同じ理由が考えられます。例えば、この点を考慮して考案された練習器具2)によって、抵抗感なく何度も後方回転を体験し、このときの動感を自分の方から生み出せるようになると、これによって逆上がりのこの局面の定位感を発生させ、〈めまい感〉と遊びながらできるようになる場合もあります。ここでも、自身の動きの感じ、すなわち動感をしっかり把握するという関わりかたが重要です。

[関係する原理・本質法則] 体系論と空間定位

定位感とは、例えば転がっている最中でも、動く人が自身の身体と空間（前後、上下、左右など）との関係を感覚的にとらえていることです。〈そこ〉から〈ここ〉へ、そしてもう一つの〈そこ〉へと動くことを、学習者の身体がとらえていることです。まだできない運動では、これらの空間意識がまとまっておらず、本人は自分が「どうなっているかよくわからない」ということになります。回転運動ではこの空間意識がはじめは把握できないのが普通です。

後転は一般に、マット運動の導入時に前転の次にやる初歩的な〈わざ〉と考えられているようです。そこでは、体系論的なわざの理解がなされているとは言い難いのです。後転は、仰臥姿勢から肩越しに斜めに回転して起き上がる動きがもとになっています3)。この肩越しの斜め回転は、ゆっくり回転すると、定位感が一挙に失われることはありません。また、これらの運動形態の間の関係は、動感を媒介にして一般的に確認することができます。どんな動きも動く感じがまとまって「〈こう〉やればできる」と感じられるときには、定位感もそのつど働くようになっています。空間定位の視点で後転の体系論を見ると、定位感が一挙に消えない〈日常的な〉動きの動感が土台になって、後転の動感が発生するとも考えられます。

学習者の身体は、幼児でもすでに人それぞれ異なる歴史を歩んで、さまざまに異なる動感素材を蓄積しています。後転の位置する体系論を背景にすれば、個別の学習者の後転へのレディネスを確認することができるのです。ある動きの土台になるわざは、いわば〈朝飯前に〉いつでもできることが望ましいのです。このような前提で、学習者の後転に向けた潜在的な動感能力をとらえることができます。外見的な動きは同じように見えても、しっかりした土台の上で身につけるほうが、豊かな発展性を含み持ったわざになります。仮に、そのときうまくできなくても、土台となる動感素材を確認できれば、そこから具体的な一人の学習者に固有のわざを身につける道が見えてくるものです。

(佐伯 聡史)

［文献］
1）金子明友『マット運動』大修館書店、1982、p.99-
2）逆上がり練習器「くるっと」(https://www.senoh.jp/pickup/pickup-fuc/)
3）金子明友『身体知の構造』明和出版、2007、p.215-

3. 評定種目のわざの特性と関心の発生

（2）懸垂運動への関心を導く

[観察事例] ぶら下がり遊び

　子どもたちは、ぶら下がって遊ぶことが大好きです。父親や先生の腕にぶら下がり、鉄棒、雲梯、ジャングルジム、肋木などの運動器具や遊具にぶら下がってよく遊びます。足で体重を支える日常から、その体重を自分の手だけでぶら下がって足が宙に浮いている〈浮遊感〉が楽しいようです。また、鉄棒などで身体を自力で振動させれば浮遊感が増します。振れたとき、遠くへ飛び降りたりして遊ぶ姿もよく見られます。この動きは、より大きな振動ができれば空中に浮き上がり、その非日常的な感覚は大人をも惹きつけるものとなります。梯子状に横棒が一定間隔で続く雲梯などでの、交互に片手だけでぶら下がって前に移動する動きは、子どもたちにとってワンランク高いレベルの懸垂遊びのようです。高鉄棒の両手懸垂でより大きな振動ができれば、身体全体がバーよりも高く上がることもできます。

[関係する原理・本質法則] 懸垂振動のコツ

　この両手の懸垂で振動を増幅して高く上がり、無重力のような空中での〈停滞感〉も感じられることがこの運動の醍醐味といえます。この、舞い上がるような動きは、「手首固定」と「握り直し」および「振動を発生させる」技術に支えられています[1]。

　懸垂振動は安定した握りに支えられて発生します。力で握るのではなく、前に振れたときに握りを振動の方向に回さず固定し、真下から後ろに振れながら身体を引き上げて浮かせ、無重力感をつくり、そこで深く握り直します。この技術が身につかないと、あまり大きくない振動でも後ろに振れたときに鉄棒を握っていられなくなります。力自慢の生徒でも、この握り直しができず、鉄棒から手が離れてしまうことがあります。

　次に、この握り替え技術を前提にして、懸垂体勢で静止した状態から、振動を発生させるコツを紹介します（図）。

①腰部を腹屈させ脚を持ち上げると、上半身が少し後方へ移動します。このときはまだほとんど振動していないため、重心はほとんど動きません。

②脚を勢いよく振り下ろすと、上半身はその勢いに引っ張られて後方へ振られ、重心も後方へ移動します。

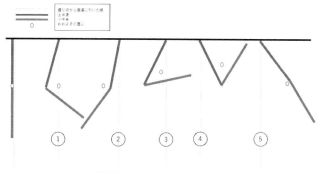

懸垂体勢で静止状態からの振動の発生

③上半身が後方へ振り切れる前に筋努力によって腰部を腹屈させ、脚部を前方へ振り出す準備をします。

④脚部を上前方へ先行させながら、上半身が前方へ振れるようにします。こうして重心は大きく前方へ振れていきます。

⑤脚部を下方へ下ろすとともに、上半身全体を前方へ出し、振動を発生させることができます。

このようにして振動を発生させることができると、懸垂運動の新たな世界が見えてくるものと確信しています。

［関係する原理・本質法則］体系論と定位感

具体的に懸垂運動が行われる場としては、雲梯遊びや鉄棒運動を思い浮かべることが多いと思います。最近では、東京五輪の正式種目になったこともあり、スポーツクライミング競技（ボルダリングなど）が大変注目されています。このスポーツクライミングでは、よじ登る動きと、懸垂運動も出てきます。

このよじ登る動きには、〈引っ張る〉動きが含まれています。この動きは、急斜面などを「這うように登り下りする」動きから発生します。ここで、梯子を登ったりロープで斜面を登るときに足の支えが消えると懸垂運動が発生します[2]。梯子を登っていて足を滑らせ、一瞬慌てて手だけでぶら下がった経験を持つ方もいると思います。つまるところ、這う運動が斜めに行われるようにして、足の支えが消えて懸垂運動が発生します。子どもが遊ぶ雲梯やジャングルジムでの子どもの動きも、この懸垂運動の体系論を背景に考えることもできると思います。

懸垂運動の体系論は定位感能力から見ると、よじ登りでの手の支えが「握り」に変わらなければ働きません。懸垂運動の定位感能力の発生は、安定した「握り」がなければ成り立ちません。 （佐伯 聡史）

［文献］
1）金子明友『鉄棒運動』大修館書店、1984、p.21-
2）金子明友『身体知の構造』明和出版、2007、p.220

3. 評定種目のわざの特性と関心の発生

（3）支えとび運動への関心を導く

[観察事例] 支えとび越し

　支えとび運動は、活発な子どもが腰の高さの物（塀など）を利用して、そこに手を着いて支え、両足を横から回して跳び越える動きや、少し高い台上に（ステージなど）跳び上がろうとしたときに、いったん手で支えてその手を突き放し、両足で跳び乗るような動きとして現れます。

　体育の授業のとび箱では、一般に手を〈着いて〉またぎ越すのが開脚とびととらえられているようです。子どもたちは何とかまたぎ越そうと勢いをつけるようになり、手を着いた後、危ない体勢になる場合も見受けられます。多くのスポーツ種目では足によってジャンプすることが当たり前ですが、支えとび運動では、手でジャンプし、身体が浮き上がる軽妙な躍動感がその楽しさの根底になっていると考えられます。身体全体を空中に浮かび上がらせることもできる〈手のジャンプ〉を身につけることが、安全にこの躍動感を楽しむためには必要なのです。

　怖がって開脚とびのできない学習者に、「助走をしっかりしなさい」とか、「踏み切りを強く」などというアドバイスは、学習者に余計に恐怖心を煽っているということに気づいていない指導者が非常に多いと感じられます。学習者の過去の失敗経験が、この恐怖感を引き起こしている原因になっていることも考えられます。加えて、学校体育のとび箱運動は事故が多いため、指導者からも敬遠されがちな種目です。支えとび運動の動感の理解がない指導者は、一般に「勢いをつければ何とかなる……」と漠然ととらえている場合もあるようです。

[関係する原理・本質法則] 開脚とびのコツ

　とび箱の開脚とびの核になる動きは「手とび」、つまり手と腕による〈ジャンプ〉です。特に開脚とびのように、上がっていく脚の動きを、この手と腕の〈ジャンプ〉によって切り返すことができなければ、頭の方から落ちていくような動きになり、非常に危険な体勢になってしまいます。この手と腕によるジャンプができてはじめて、とび箱の開脚とび発生の前提になります。この手と腕によるジャンプは、どのようにすれば身につけられるのでしょうか。

例えば、壁に向かって腕を伸ばしたまま手のひらで寄りかかります。そこから、やはり腕を曲げずに壁を突き離す動きがとび箱の突き手の動感に似ています。また、壁に向かって斜めに跳び、両腕で突き返してもとに位置に立ちます。この突き返しの動きは、とび箱の開脚とびの手と腕によるジャンプの動きにその動感が似ていると感じられます。

この突き返しの動きが、開脚とびのその後の第二空中局面の体勢を左右します。この突き返しがおざなりになっていると、安定した第二空中局面は発現

とび箱を〈跳び越す〉ことに慣れる

せずに失敗して危険な状態にもなります。そこで図のように、最初から助走をつけて練習をするのではなく、とび箱の上の中央あたりにしゃがんだ姿勢からあらかじめ着手をし、小さな空中局面を形成して手で突き離して〈跳び越す〉ことに慣れることから始めます。そこから、しゃがみ立ちの位置を徐々に着手位置から離していくことによって、少しずつ第一空中局面を大きくしていきます。そして最終的に助走、踏み切りからの開脚とびへと移行していくように学習することで、安全に習得することができます。

［関係する原理・本質法則］支えとび運動の始原

支えとび運動は、古くからドイツ体操のなかで重視されてきた動きであるといわれます。この支えとび運動には、現在の陸上競技の棒高跳びに代表されるように、棒を支えにして跳ぶ動きと、手で支えて跳ぶ動きが確認できます。とび箱の支えとび運動は、この「手とび越し」の運動群に入ります。

日本では、とび箱そのものが乗り越えるべき障害物として理解されたため、手でジャンプするという両腕の動きそのものが単なる「つっかい棒」でしかなくなってしまいました。さらに、そこから「またぎ越し」という考えかたが出てきてしまい、事故が多くなる原因となっているようです[1]。こうして、日本では、とび箱の開脚とびが障害克服のための教材になってしまいました。支えとび運動はもともと障害克服のための教材ではありません。ここに間違った運動理解やさらに間違った指導の根があることも理解しなければなりません。学校体育では、このような正しい運動理解が一般的に通用していない現実があると思います。指導者は、運動の体系論や具体的な運動形態の発生の歴史的な背景を踏まえておくことも必要なことです。

（佐伯 聡史）

［文献］
1）金子明友『身体知の構造』明和出版、2007、p.226

V 運動学の問題圏

1．幼児・児童のコツとカンの発生
（1）幼児・児童の遊びの世界
（2）幼児・児童がなじめる場をつくる
（3）動きの模倣への関心を導く

2．障害と運動学
（1）リハビリテーションの運動発生
　① 身体障害者（児）の身体感覚
　② 障害を持つ身体への指導者の身体での共感
　③ 身体障害者（児）のコツとカンを導く
（2）視覚障害児のわざの発生
　① 視覚障害児の動きの世界
　② 視覚障害児のわざへの関心を導く
　③ 視覚障害児のコツとカンを導く

1. 幼児・児童のコツとカンの発生

（1）幼児・児童の遊びの世界

[観察事例] 赤ちゃんの動きの発生

　ここでは、赤ちゃんが這い這いや歩くという移動する動きができるようになる過程を紹介します。生後4か月ぐらいの赤ちゃんは、仰向けに寝ていて目の前におもちゃを出されると手を伸ばしてつかもうとします。そして、生後6か月ぐらいには、おもちゃやお気に入りの物（筆者の子どもはテレビのリモコンが好きでした）を目の前から横に動かしていくと、それに誘われるように寝返りをします。さらに、うつ伏せ（伏臥位）で目の前におもちゃを置くと、手を伸ばしてつかみます。もちろん、うつ伏せはもっと早い時期に可能です。しかし、3〜4か月ぐらいの赤ちゃんは、うつ伏せで目の前におもちゃがあってもつかめません。なぜならば、赤ちゃんは両腕に同じように体重をかけて身体を支えており、片側に体重をかけて、反対側の腕を自由に動かせるコツを持ち合わせていないからです。

　片側の腕が支えることから解放されて前に出せるようになると、這い這いの習得が始まります。這い這いで移動できるようになることで、赤ちゃんの行動範囲は広がり、様々な物と出会うようになります。物のつかみかたも、5本の指が同じ方向を向いた「鷲づかみ」から、親指が他の4本の指と向かい合う（母指対向性）つかみかた、さらに親指ともう1本の指（主に人差し指）でつまむようなつかみかたができるようになります。いろいろな物をつかめるようになると、小さな赤ちゃん用のお菓子を一人で食べられるなど、親にとって助かる点がある一方で、何でも口に入れてしまうという危険があります。すると親は、這い這いする子どもの手の届かない場所、すなわち高いところに物を置くようになります。これが低いテーブルなど、赤ちゃんは手が届きそうな可能性を見出すと、つかまり立ちを試みます。

　つかまり立ちができるようになっても、テーブルの上の物に手が届かなければ、伝い歩きやよじ登ることが必要になります。しかし、立てたからといってすぐに移動できるわけではなく、這い這いと同様に、片側の足に体重を乗せ、もう一方の足が身体を支える役割から解放されてはじめて足を動かすことが可能になります。

[関係する原理・本質法則] 周囲世界との関わり

　赤ちゃんの運動は、学校の授業のように計画的に指導されることなく、日常生活のなかで自由に習得されていきます。好奇心を触発するような物が周囲にあり、それを手に取りたいと動こうとすることによって、新たな移動の動きかたやつかみかたが発生します。また同じ対象物であっても、子どもは好きな年長者が異なる使いかたをしていれば、それを真似て新たなつかみかたを身につけていきます。例えば、スプーンの柄の部分を握りしめていたのが、持ちかたが変わり、上手に食べ物をすくい取れるようになっていきます。

　まさに、子どもは周りの人や物、つまり周囲世界①と身体で関わりながら運動を習得し、新しい動きかたで自己の周囲世界と新たな関係を形成していきます。しかし、現代社会においては時間・空間・仲間という「三つの間」の減少が問題視されるように、運動遊びの機会が失われています。1980年代ですが、東京で年長児（5歳児）クラスを対象とした運動指導において、手と足だけを床に着いた高這い姿勢で前に速く進む課題をさせたところ、2～3歩進むと支えられなくなり額を床に打ちつけて泣き出す男の子がいました。運動発達に関する先行研究によれば、高這い姿勢は独り歩きを始める満1歳の誕生日頃にはできるといわれています[1][2]。疑問に感じて、後日、この幼児の母親に話を聞くことができました。母親によると、乳児期に這い這いをしないまま立って歩くようになったようです。

　このように身体を動かして感じるという経験が不足すると、5歳児でも「一段ごとに足を揃えなければ階段を降りられない」「座らなければ靴を履き替えられない」といった問題[3]につながる可能性があります。ただ、子ども同士の遊びが少ない現代では、子どもの運動発達を促すためには大人の関わりが不可欠でしょう。這い這いしようと腹ばいで床を蹴ろうと足を動かすのに、足が床から離れてうまく動けない赤ちゃんがいたら、親が手で赤ちゃんの足裏に壁をつくってやると、親の手を足で押すようにして進みます。はじめは親の助けをもらって進み、這い這いのコツをつかんでいきます[4]。

（三輪　佳見）

①周囲世界
Umwelt というドイツ語の訳語です。ユクスキュルが、それぞれの動物が知覚し作用しうる環境の総体という意味で用い、生物学に主体の概念を導入し、一般的に環境世界と訳されています。この環境世界が動物種の固有性を意味しているのに対して、人間は身体経験を通して、同じ人や物を対象としていても、動きかたや遊びかたを変えて、様々な意味を形成していきます。まさに文化をつくるのです。

［文献］
1）R.Alexander ほか編著、高橋智宏監訳『機能的姿勢—運動スキルの発達』協同医書出版社、1997、p.232
2）弓削マリ子「正しい姿勢とその発達」家森百合子ほか著『子どもの姿勢運動発達』（別冊発達3）、ミネルヴァ書房、1985、p.49
3）文部科学省『幼児期運動指針ガイドブック』2012、p.18
　http://www.mext.go.jp/a_menu/sports/undousisin/1319772.htm（参照日 2017 年 10 月 23 日）
4）三輪佳見「幼児期の運動発達における主体と環境世界の相互作用的関係」スポーツ運動学研究7、日本スポーツ運動学会、1994、p.19

1. 幼児・児童のコツとカンの発生

（2）幼児・児童がなじめる場をつくる

[観察事例] 動く物をつかむ

　小学4年生の女子児童に、比較的勢いよく転がってくる小さなプラスチックボールを片手で捕るという課題をさせてみると、手のひらを床に向けて上から押さえつけるように手を伸ばし、ボールに触れることもできないまま後退しました（図1）。この様子を見たときは、「こんなこともできないの！」「どうしてこんな動きをするのだろう？」と驚いてしまいました。

　日常生活のなかで、つかむ対象となるのは静止している物ばかりです。テーブルや床の上に置いてある物をつかむとき、どのように手を伸ばすでしょうか。図1の女子児童のように、手のひらを下に向けてつかみにいくはずです。ボール遊びをあまりしたことがなければ、日常生活のなかで覚えたつかみかたしかできないのは仕方ないかもしれません。もちろん、タイミングよく手を伸ばせばつかむことはできます。しかし、転がってくるスピードが速い場合、いつどこに手を出せばボールとうまく出会えるかを読み取る高度のカンと、それに応じて身体を動かすコツが求められます。手を出すタイミングが難しいため、ソフトボールをしている男子児童は、図2のように手のひらで壁をつくるようにして捕球しました[1]。

図1　転がってきたボールを後ろにそらす女子児童

図2　手のひらを立ててボールをつかむ男子児童

[関係する原理・本質法則] なじみ地平の形成

　筆者が行っている年長児を対象とした運動指導の場には保護者も参加してもらっています。親と一緒に「やってみたい」、そこまででなくても「やってみてもよい」という雰囲気をつくり、子どもたちを「なじみ地平」[1]に誘い込もうとしています。しかし、単に子どもの相手をしてもらうだけでは「なじみ地平」にとどまったままになるし、子どもが感覚的に受け容れられないような難しい動きでは、やる気をなくしてしまうかもしれません。

　そこで、子どもの動きにはどういう特徴があるか、できるように導くためにはどのように相手をしたらよいか説明しています。転がってくるボールを捕ることは、ボールに対して自分の感覚を伸ばしていき（身体感覚の伸長）、

①なじみ地平
能動的にこういう動きを覚えようという意識はあいまいだが、「嫌ではない」「おかあさんとならやってみよう」など、動感形態の発生の始まりとしてとらえられる原志向位相を意味しています。

前後・左右どの方向にどれぐらい隔たりがあるのか遠近感に基づいて見極め、どういう動きで移動して、どのように手を出すとボールとどのように出会えるか先読みのカンを働かせ、この通りに身体を動かせるコツに支えられてはじめて可能になります。

　年長児の指導では、はじめに親がボールを転がし、子どもが手のひらを下に向けたままつかもうとすることを確かめました。次に、子どもがつかめたときと同じ速さでボールを転がしてもらい、子どもにはボールを打ち返させました。

　打つようにさせたのは、手の向きを変えて出すという言語指示は子どもにとって具体的ではなく、抽象的でわからないと思われたからです。一方、打つことを課題にすれば、手のひらを床に向けていたのでは打ち返せないので、子どもは手の向きを自ずと変えるはずです。このとき、捕れないような速いボールは空振りするだけで打てないので、子どもがつかめた速さでボールを転がすことが大切です。また、課題となる動きを変えたほうが子どもは飽きないし、打ち返したボールを捕るのに困っている親の姿を見て楽しそうにしていました。

　何回かボールを打ち返した後で、再び捕る課題に戻ります。打ったときと同じ手の出しかたをするように声をかけると、子どもは手のひらを立てて構えました。捕りかたを変えることができたので、さらに技能を高める課題を設定しました。子どもたちには両手の小指を合わせて捕るように、筆者が自分の手でやって見せながらわかりやすく説明しました。子どもが捕れたら、子どもの正面ではなく、横に転がすように親にはお願いしました。このようにすることで、横に移動して身体の正面で捕るという動きができるようになります（図3）。慣れてくると、どれぐらい横へ、どれぐらいのスピードで転がすとよいか工夫する親も出てきました。つまり、転がってくるボールに向かってこんな感じで移動してこういう捕りかたができるという具合に、学習者である子どもの感覚世界に移入し、子どもが捕れそうなボールの動きを選び出しているのです。　　　　　　　　　　　　　　　　　（三輪　佳見）

図3　横に移動して転がってきたボールを捕る男子幼児

［文献］
1）三輪佳見「『こんな動きもできない』子どもの指導を考える」体育科教育58-2、大修館書店、2010、pp.40-41

1．幼児・児童のコツとカンの発生

（3）動きの模倣への関心を導く

[観察事例] 動感が映るなわとび

　模倣に関連する事例として、年長児を対象とした長なわとびの指導を紹介したいと思います。長なわとびはなわが回っている空間に走り込んでいき、なわを跳んで、なわが動く空間の外へ走って出ていきます。運動発達研究の知見によれば、走って跳んで走るという運動の組み合わせは幼児にとってやさしい運動ではありません。このように自分の身体の動かしかたもまだ難しいのに、それをなわの動きに合わせなければなりません。そこで、走り込む距離を短くして跳ぶ動きとの組み合わせがやさしくなるように短なわ（2.7m）を使うことにしました。また、なわに入るタイミングをつかませるために、このなわの一方の端を親に、もう一方を幼児に持ってもらい、親子で1本のなわを長なわとびと同じように回し、子どもはなわを回しながら、このなわに入って後ろ回しとびという課題を行いました（図1）。

　この課題のねらいは、自分でなわを回すことにより、上肢の動きと走り込むタイミングの関連をとらえることです。つまり、手を顔の高さから振り下

図1　回しているなわに入って後ろ回しとびを行う幼児

図2　友達がなわに入ろうとするときに手を回す幼児

図3　友達と一緒に跳ぶ幼児

ろすと同時に走り込み、後ろ回しで跳ぶことによって、かぶりなわ①1）に入って跳ぶ感じがつかめます。このあと二組の親子を一つのグループにし、保護者二人が回すなわに、子どもがかぶりなわで入って跳ぶという課題を行ったところ、面白い光景を目にしました。順番を待っている一人の男児が、友達がなわに入るときには保護者の回す動きに合わせて手を回し（図2）、しかも友達がなわを跳ぶと、自分も一緒に繰り返し跳んだのです（図3）。まさに他者の動きを見て思わず一緒に動いているのです。そして、自分の順番になって試みると、1回目こそなわに引っかかってしまいましたが、すぐに跳ぶことに成功しました2）。

① かぶりなわ
「とび手がなわに入る際に、なわがとび手の上方からかぶってくるような、なわの動き」を「かぶりなわ」、「とび手がなわに入る際に、なわがとび手に対し、足の下から向ってくるような、なわの動き」を「むかえなわ」といいます。

［関係する原理・本質法則］模倣の発生

　独り歩きができるようになったばかりの赤ちゃんにとって、物を取るための移動は這い這いの方が安定していて早いはずです。しかし、階段を登るなど特殊な場合を除けば歩いて移動するようになり、もはや這い這いをしなくなります。やまだようこは「這うという移動運動は、物を取りに行くというような純粋に『行く』という行動として生起する」のに対して、立つことのなかには「他者を模倣するという、人への関心」が含まれていると述べています3）。また、筆者の子どもが1歳3か月頃のことですが、それまで手づかみで食べていたのにスプーンやフォークを使いたがるようになりました。

　このように運動の結果を実現するのにはやりにくい動きかたであっても、それを敢えて選択するのです4）。しかし、他者の動きに関心を持って「やってみたい」と思っても、運動が複雑になってくると簡単には真似できません。すると「できそうな気がしない」ので、親が励ましても子どもはやらなくなってしまいます。では、どのような動きを「できそうだ」と感じられるでしょうか。それは前述の長なわとび指導の幼児のように、自分も実際にやっているかのように見える動きです。

　事例で取り上げた幼児は、なわに入るタイミングをつかむために手を回し、友達と一緒に跳ぶというように共遂行しているといえます。共遂行できるのは、自分の動感（動く感じ）に基づいて相手に共感しているからです。さらに共感するためには類似の運動経験が必要であり、当該幼児は、親と一緒になわを回し、なわを回しながらなわに入って後ろ回しとびをしたときの動感によって、友達の動きかたをなぞるように真似ていると考えられます。

（三輪　佳見）

［文献］
1）太田昌秀『楽しいなわとび遊び』ベースボールマガジン社、1992、pp.129-130
2）三輪佳見「短なわを使った長なわとびの指導」体育科教育 62-6、大修館書店、2014、pp.68-69
3）やまだようこ『ことばの前のことば』新曜社、1987、p.137
4）三輪佳見「乳幼児期の運動発達における主体と環境世界の相互作用的関係」スポーツ運動学研究 7、日本スポーツ運動学会、1994、pp.20-22

（1） リハビリテーションの運動発生

① 身体障害者（児）の身体感覚

....

[観察事例] 障害を持つ身体感覚[1]

　脳卒中で半身麻痺になられた方のリハビリをしていたときのことです。その方は麻痺した手足の動きをリハビリしている最中に、「この腕」が動くようになったらまたゴルフがしたいと話されていました。それから一年以上経過したある日のリハビリでは、自分の同じ腕をさすりながら「これ」が動いてくれたらと話されるようになっていました。このことから、脳卒中になるまでは何の意識もしないで使える当たり前の自分の全身の一部としての身体感覚に溶け込んでいた手足が、麻痺によって動かなくなり続けるなかで、「私の腕」が「私のではない物」に遠ざかって変貌してきていることを知らされ、リハビリのありかたを根本から考えさせられたことがあります。

　動作に障害を持たれた方の日々の動きづらさは、健常者には共感できるようでわかりにくい感覚です。朝目覚めて起き上がる、立ち上がる、服を着替える、歯を磨くなど、健常者にとっては毎日の暮らしでは当たり前のこんな一つひとつの動作にさえ、困難さや煩わしさが伴っています。何をするときにも意識しないで動かしている手足や身体を動かす感覚が、障害を被ったことで、障害を被った部位だけでなく、すべての日常の動作に伴う全身の姿勢を保つことや、障害と関係のないと思われる動作まで、夢のなかまで重くて硬くて思う通りにならない大変さを感じておられます。私たちが自分の身体を当たり前に動かせていると感じている身体感覚は、障害を被ったことによって「自分のからだ」から「自分以外の物体」に変わってしまう感覚になってしまいがちだといえるかもしれません。

[関係する原理・本質法則] 身体化の発達障害と障害による脱身体化

　麻痺によって運動感覚のわかりにくさが習慣となっておられる方には、大きく二通りあると思います。一方は脳性麻痺のように、生まれたときに運動に重い障害を受けたことで、たくさんの遊び経験を積み重ねながら育っていくなかで芽生えていくはずの、根本的な身体への気づき自体が障害されてしまった障害児では、〈身体化形成の発達障害〉を被ったための運動感覚のわかりにくさを持っているといえます。

　他方は成人の脳卒中半身麻痺の方のように、障害を被るまでは当たり前に

感じていたはずの身体感覚の基準が、ある日突然に脳に障害を発症し麻痺が起こったことでわからなくなってしまった方々です。「病に冒された身体各部は〈客体〉（私のからだでない物体）に変化する」と述べた研究者がいるように、これらの方々は当たり前のように身についていた身体感覚が突然に消えてしまうことで、動く感じもわからなくなる〈障害による脱身体化〉を持たれた方々です。しかし、どちらの麻痺がある方に対しても、運動の指導では、動きにくい「私の身体」であっても、その人に応じた手足を使うことを通じて、新しい動作を発見／再発見したいと思ってもらえるように、新たに身体感覚や動感が生まれる指導の方法や関わりが大切だと思います。

[関係する原理・本質法則] 代替身体による身体化

　また障害を持たれた方には、何かの事情で手足を切断されたり、高齢で大腿骨の骨折後に人工関節を挿入された方、また交通事故などによる脊髄損傷で自分の手足を動かしたくても動きを生み出すことができない方のように、自分の運動の努力では解決できない障害を持たれた方もおられます。それらの方々には、手足の代わりとなる義足や人工関節や装具といった身体の代替品自体が、意識に溶け込んでいる自分の身体として無意識に使えるようになる指導が求められます。例えば、義足の足の裏で砂利道の感触に応じた歩きかたができるように、また人工の股関節でも濡れた床を転ばないように自然に腰を入れる感じで歩けるように、そして装具をつけた人ではその片足で踏ん張るときに装具ごとの自分の足の支えを信頼できるようになど、普通の暮らしに慣れ親しんだ「私の動感」として感じられるような、〈身体の代替物の身体化〉を目指す運動指導が求められます。

　身体の機能を代替してくれる物が自分の身体に溶け込んでいく感覚とは、コンタクトレンズやメガネやイヤリングを意識しなくなる感じと同じでしょうし、また視覚障害者が使われる白杖が自分の腕の延長となって、地面のデコボコ感や障害物がわかるようになる感じとも同じだといえます。

　リハビリテーションにおいても体育教育の場でも、運動の向上を目指すときに求められる力や速さや関節の角度といった量だけではない、その当事者自身が感じるその人にしかわからない感覚の質としての感じかたが生まれることを大切にした、新しい視点の分析方法と指導法が求められる時代になっていると思います。

（岸本 眞）

その人に応じたやりかたで新たな身体感覚を生み出す

［文献］
1）金子明友『わざ伝承の道しるべ』明和出版、2018、p.10

2. 障害と運動学

（1）リハビリテーションの運動発生

② 障害を持つ身体への指導者の身体での共感

[観察事例] **障害児の姿勢を支える**

　ある日、全身に緊張を伴うためにすべての姿勢や動作に介助が必要な、重い脳性麻痺の障害児にリハビリをしていたときのことです。床の上でかろうじてあぐら座位を保ちながら離れた場所のおもちゃに手を伸ばす、わくわく楽しい場面です。私は後ろから励ましながら、彼女に気づかれないように少しだけ腰に触れて支えていましたが、何気なく遠くのおもちゃを取ろうとしてそっと後ろを向こうとした途端、彼女は今まで上手だったきれいな姿勢から一気にぎくっと身体を丸めてしまい倒れそうになってしまいました。その直後に支えられた彼女は、ほっとしたように照れ笑いしながらも、反面心配そうな真剣な顔で「離れないでね」とつぶやきました。その小さな訴えを聞いた私は、彼女が姿勢を保っていられたのは、彼女自身の精一杯の座位保持の能力が、たとえ後ろの見えないところにいる私でも、私との遠近感やいつでも助けられるように見守ってもらっている気配のなかで、その信頼関係の上に成り立っていた能力だったことを忘れていた自分に改めて気づかされました。それからの私は、姿勢を精一杯保とうとしている彼女のがんばりに応じて、後ろからいつも話しかけて声の届く範囲という遠近感を感じてもらったり、リズミカルにからだの端に触れてあげることをも通じて、その場でつくられるなんとも表現できない気配のなかでの安心感を提供することを忘れないようにしています。

　この場面は、私たちが子どもの頃に補助輪なしの自転車にはじめて乗れたときに、後ろから支えながら励ましてくれていたはずのお父さんが知らないうちに離れていって、気がつくと遠くで見守ってくれていたという経験に似ているように思います。

見守りの気配が安心感を生む

[関係する原理・本質法則] **絶対ゼロ点からの共感**

　動作を指導する私と同じように動きを感じていないかもしれない人の動きを支援することは、大変困難なことだと思います。健常な人の動きを指導するときには、指導者は動作を自分のこととして暗黙のうちに自然と共感しやすいので、「こうあってほしい」と直感的にわかるところがあると思うのですが、障害を持たれた方に対しては「どんなふうに動きにくいのか」を指導

者自身の動きの感じかたを基準にしては共感しにくいところがあります。他方、障害児・者自身の運動の困難さの背景には、骨や筋肉や神経の障害だけでなく、脳の認知機能の障害によって、しようとする動きだけでなく、今自分が保っている姿勢自体がどう歪んでいるのか、また姿勢を保つために地面に対して身体のどこをどう動かせば倒れないでいられるのかといった感覚自体にわかりにくさがあります。

　すべての人で共通の動作の最も基本となる、自分を中心にして感じている「上下、左右、前後」そして「さっき、今、これから」といった、「今ここに私がいて倒れないで座っている、立っている、歩いている」と私だけが感じる身体感覚のことを〈絶対ゼロ点の身体知〉[1] と呼びますが、この運動に先だって生まれている根底の身体感覚を瞬時に判断するための情況さえもわかりにくいと感じている人の場合では、「もっと素早く大きく、もっとしなやかに」とか、「もっと姿勢をまっすぐに伸び上がるように」とかいった言葉かけ自体が、健常者が感じる姿勢や動作のわかりづらさとは違う、的外れの助言になってしまうこともあるかもしれません。

[関係する原理・本質法則] 障害を持つ身体への関わりの前提

　このように、障害を持たれた方の身体運動を指導・支援するためには、その障害ではどんなふうに運動感覚が生まれにくくなっているか、その障害の構造を基本にした動きづらさを理解することが求められます。例えば、脳の障害のために左右半身に麻痺があり、動かしたいけれど思うように動かしにくい人や、同じ麻痺でも脊髄損傷のために両足に麻痺があって、自分の意思では動くことができない人、また脳性麻痺児のように、全身に強い緊張や逆に不安定さや不随意運動がある子どもたちなどでは、中枢神経麻痺なのか、筋力の低下なのか、関節運動自体に問題があるのかといった、それぞれの方の原因の特徴ごとに生じる障害が、どんなふうに動作をしづらくしているのかを、まず理解することが求められます。その上で行う指導では、それぞれの方に特有の思うように動きができない悩みや、運動を生み出すことができない障害の形を〈運動発生形態（運動モルフォロジー)〉として整理し体系的に理解して、共感しながら指導するといった姿勢や場面が必要になると思います。さらにその指導場面では、正しい動きとか誤った動きとかいった健常者の動きを目標や規範にしたものではない、その人なりに適応できるような運動の発生方法を、当事者と相互交信する関係のなかで指導者の感受性と想像力を駆使しながら提案し、支援することが求められます。

（岸本　眞）

［文献］
1）金子明友『スポーツ運動学』明和出版、2009、pp.197-198

2. 障害と運動学

（1）リハビリテーションの運動発生

③ 身体障害者（児）のコツとカンを導く

[観察事例] リハビリ指導に求められるコツとカン

　ある人が「私たちが他人の状況を理解できるのは、心を深く調べることができるからではなく、生活世界を想像できるから」だと述べています。身体障害を持たれた方々へ運動指導するときには、どんなに科学的な分析から得られる数字（筋力、可動域、持久力など）を頼りにして動作をその人の外側から観察しても、その当事者本人にしかわからない動作のしづらさの感覚自体を理解することにはなりません。障害があろうとなかろうと、個人の動作の主観的な困難さを解消するための指導にあたっては、直接本人に聞いてみて動きにくさの感じを確かめるか、またはその人の動きの悩みを指導者自身が自分の動きの感じに立って共感（間身体性）できる、訓練された直感的な運動感覚の分析力が求められます。「動きたいけれど動かない身体を使ってどう動いていいかわからない」というような、動作に先立つマイナスの予感的な運動の感覚としての「カン」にとらわれている人を、指導者自身が自分の動きを通じて知っている「コツ」を用いて助言、指導することができる指導方法に、〈発生論的運動学〉[1] に基づいた運動分析と指導方法があります。

[関係する原理・本質法則] 動感反転化の原理

　自分の意思や努力だけでは動きを実現できないほどの重い障害を持たれた方が、私はもっと自由に動けるという運動感覚を体験できるようになるためには、会話による動作の感覚の交信よりも、指導者と一体となった親密な身体接触と動作介助のほうがわかりやすい場合もあります。これは「上手に抱く－心地よく抱かれる」という関係性を育む指導の場面に当てはまります。それは、まず抱く者の身体が、その子どもを上手に抱けるという介助の見通しであるカンを伴っていることを通じて、介助して抱く（「抱き寄せる」カンがある）という行為が、子どもの側からすれば抱かれる（「抱き寄せられる」カンが「抱かれる」コツを生み出す）という行為の変化に応じ、さらにそれに応じて指導者は抱く（「抱き寄る」コツ）介助のありかた自体を変えていくという、相互のコツとカンが交信し合うといった、「上手に抱く－心地よく抱かれる」関係性が生まれるなかでの指導といえます。

　この関係性のなかで行われる運動の指導のありかたは、重度の障害を持っ

「上手に抱く―心地よく抱かれる」関係性を育む指導

た子どもたちにだけに当てはまるのではなく、動くことのカンとコツが障害のために消えてしまった多様な障害を持たれた方々にも当てはまる方法のありかただといえます。当たり前に身につけている動作のカンとコツに支えられているはずだった、ごく日常の起き上がる、歩くなどの動作が、障害によって動作に困難さが起こったことに対しても、見かけ上は他者によって一方的に自分の手足を動かされるような一見被動的な動きであっても、その介助のなかで指導者と当事者がその動作（行為）に同じ目的を共有できるような、起き上がる－起き上がらせる、歩く－歩かせるという相互の関係性のなかで動作の運動感覚が生まれる親密な指導が求められます。この運動感覚の受動と能動を時どきに応じて反転させつつ分析し指導する方法は、〈動感反転化原理〉[2]という法則に基づいています。

　しかしまた一方で、これらの関係性のなかで生まれるコツやカンはいつもその時どきの一瞬一瞬のなかで生まれては消えながら常に新しい動作のコツやカンへと作りかえられていくので、さっきと同じコツを今度も同じように使うことや、昨日うまくいったコツをいつまでも同じように繰り返して使い続ける指導はできません。そういった場面を大切にしている指導者による指導は、いつも当事者の動きたいという願いを大切にした、ひょっとするとまるで思い付きでしているように見える毎回違った動作の練習であっても不思議ではないと思います。リハビリの指導場面でよく行われている、座位バランスの練習のために離れた場所の輪投げを左右へと延々と往復させたり、平行棒のなかを黙々と歩く練習をしているといったような単純な動作の繰り返しからは、その人が遭遇する様々な日常場面で自分の身体を自在に操れるようになるための、新しい動作の感じコツやカンは生まれないことに留意したいものです。

　そうしたその時どきの動作の感覚に生まれるコツやカンが自分のものとなる指導が大切だと思えば、いろいろなアイデアが浮かんできます。例えば障害児であれば、座位や立位のバランスの練習では、赤ちゃんに新しい運動感覚が芽生えるときに見られるような、わけもなく身体を楽しそうに揺する動作（ロッキング）の意味を理解して、歌に合わせてからだを楽しく揺らしてあげながらバランス感覚を促すことで、じっと姿勢を保つよりも揺れること自体が倒れそうで倒れないわくわくする動きの感覚が生まれることでしょう。また成人の場合なら、平行棒のなかで歩けるようにする指導をするときにも、床に人工芝やクッションを敷いてみて、踏ん張る床の感じを変えてみるような工夫も一つのアイデアだと思います。

（岸本　眞）

〔文献〕
1）金子明友『身体知の形成・上』明和出版、2005、p.83-
2）金子明友『スポーツ運動学』明和出版、2009、p.54-

2. 障害と運動学

（2）視覚障害児のわざの発生

① 視覚障害児の動きの世界

[指導事例] **音源に向かって走る**

　小学校1年生の50m走は、多くの視覚障害児が入学してはじめてこの距離を一人で走るようです。はじめは児童がとらえられる近い距離から声をかけ、ゴールまで導きます。子どもを「ハイハイハイ」と大きな声で呼び、子どもの「ここ」とゴールの「そこ」をつなげます。そこは、思い切って走ってくる子どもも、歩いてしまう子どもも、左右に曲がる子どもにも安心して走れる空間のようです。皆思い思いの走りで、気持ちよさそうに見えます。ある子どもは、少し右に曲がって走ってきて、「音がいろいろなところから聞こえたよ」といいました。風による建物への反響音のせいでしょう。多くを感じ、感覚を楽しんでいるようでした。聴覚情報は視覚情報に比べれば曖昧なものと考えられます。音源に身体を正対させて、音源をとらえながらまっすぐ走れるように練習していくなかで、一直線のラインが児童のなかに描かれていくものと思われます。

[関係する原理・本質法則] **視覚障害児の気配感**

　視覚障害児は、声を聴いてどこに誰がいるかを判断しているようです。体育の授業では、子ども同士が声をかけ合って整列し、前の人の肩に手先を乗せて「前ならえ」をします。視覚障害児たちは、これらの情報を有効に活用して運動学習を進め、様々な動きかたを身につけていくと同時に、空間意識も広がってくると考えられます。この気配感は主に聴覚と触覚で成り立っています。

[指導事例] **ロープを持って円周を走る**

　直線走とともに1周50mの円周走をします。円の中心の杭からロープを張り、ロープの端の輪を持って走ります。はじめは先生が子どもと手をつないで一緒に走り、次に、先生は少し離れて、子どもの少し前を、声をかけながら走って練習をします。ロープをたるませずに走れるようになったら、一人で走ります。ある子どもに「一人で一周走ってみる？」と聞いたところ、円を走っていたとはわかっていませんでした。そこで、スタート地点で待ち、声をかけて位置を知らせながら、一周を確かめました。動きつつ、刻々

と変化するスタート地点との距離、方向や身体の向きの変化から、子どもは自分がどのように動いているかを把握していると思われます。ロープがたるんでいるとどこを走っているかわからなくなり、また、たるんで勢いよく張ろうとすると反動で飛ばされそうになります。子どもたちに「左手でロープが張れているかたるんでいるかわかる？」と聞いたら、一人が元気よく「わかる！」といい、その後の実施では他の子どもも左手でロープの張り具合を感じながら走っているようでした。子どもは大丈夫と思えると、急にスピードを上げて走ったりします。子どもたちは、ロープで円を走る感じをつかみ取っていくようです。

[指導事例] 音源の周りを自転車で走る

自転車の練習は、運動場の中央にラジカセを置き、その周りを走ります。1年生の○○ちゃんと△△君のはじめての取り組みでした。○○ちゃんの横を一緒に走っていたとき、「どこで曲がるの？」と聞かれ、次に「△△君と私とどっちが前？」と聞かれ、「う〜ん、円だからなあ」と困ってしまいました。子どもには左からラジカセの音を聞いて動くように指示しています。はじめはラジカセに近づきすぎたり、離れすぎたりしますが、次第に上手に円を描いて走れるようになります。

[指導事例] Ｇボールを転がして回る

Ｇボール（座れるくらいの大きなボール）①を用いて、二人組で一人の子どもの周りをもう一人がボールを転がして回る動きをします。一人はボールに座って手をたたき、「ここだよ」と声をかけます。覚えはじめの頃には、座っている子どもの足やボールに自分のボールを触れさせて転がしているのを見かけます。触れればわかりやすくなります。また、座っている子どもを探るように片手を上げ、もう一方の手でボールを転がしている子どももいました。座っている子どもの位置と、動きつつ変化する自身の位置の関係をとらえようとしているのでしょうか。こんな子どもの感覚的な工夫を見過ごしてしまいがちですが、子どもたちはいろいろな手がかりを探して円の動きを覚えていくように思えます。

①Ｇボール
通称バランスボールとも呼ばれています。総称としての「Ｇボール」は、「Giant 大きい」「Gymnastics 体操」「Gravity 重力」という三つの単語の頭文字をとって名づけられました。様々な分野での活用が広ってきています。

[関係する原理・本質法則] 視覚障害児の空間形成

晴眼児では、空間性は身体の運動を媒介として形成されます。それは眼の動き（遠近調節も含めて）から始まる身体の運動です。視覚障害児の場合、触覚による定位感（私の今ここ）から、聴覚による遠近感を媒介にして、人が〈そこにいる〉と感じる気配感が発生してくると考えられます。[1]

（河先 眞弓）

[文献]
1）金子明友『身体知の形成・下』明和出版、2005、pp. 4-12

2. 障害と運動学

（2）視覚障害児のわざの発生

② 視覚障害児のわざへの関心を導く

....

[指導事例] 腿上げ手たたき

　音楽に合わせて準備運動として行う体操を、体育の授業で１年生の最初に覚えてもらいます。そのなかの一つに「腿上げ手たたき」があります。これは、片足を上げて足の下で手をたたき、足を交互に上げてリズミカルに行う運動です。「片足を上げて足の下で手をたたけますか？」といって子どもに試みてもらったり、動きに合わせて「足を上げて腿の下でパン、反対の足を上げてパン」といいながらやります。はじめは、足がすぐに下りてしまい、手がたたけなかったり、自分の腿をたたいたり、腿の上で手をたたいたりする子どももいます。ある子どもは足の上げかたがわからないのか、バランスも取れないらしく、なかなか足が上げられませんでした。その子どもに向き合って、両手で支えてみましたが、それでも足を上げられませんでした。そこで、この子の前にしゃがみ込んでこの子の足を私の膝の上に乗せました。この子が自分でバランスが取れるような体勢をつくって、この子の両手を腿の下に導いて手をたたかせました。次のとき、この子の前にしゃがんだところ、自分から私の膝に足を乗せてきました。そのときは立つバランスも取れていました。その後、この子は自分で「腿上げ手たたき」をやってできるようになっていました。

[指導事例] 横歩き

　足を横方向に踏み出して、その足にもう一方の足を揃えて横に移動する「横歩き」では、言葉で説明してもなかなか横に足を出せず、どのように動いていいのかわからない様子の子どもがいました。そこで、この子と向かい合わせで手をつないで、わかりやすいように一歩目の左足の内側を軽くたたいて伝え、「出して揃えて、出して揃えて」と言葉でリズムをつくりながら、動きの課題を伝えようとしました。手をつなぐことで身体の向きを固定し、動く方向がわかるようにしました。指導者の動きが伝わって、子どもはあまり意識せず、リズムに乗って動けるようになりました。

[指導事例] 言葉のリズムで動きを変える

　動きの課題が伝われば、あとは言葉がけでリズムをつくったり、動きを改

善したりできるようになっていきます。「腿上げ手たたき」では、「足を上げてパン、反対の足を上げてパン」から、「あげパン、あげパン」で子どもの動きのリズムをつくっていきます。子どもの動きに合わせた言葉がけは、もっと足を高く上げて欲しいときは「あ」が強くなったり、足を上げた状態で保ってほしいときは「あーげパン」になったり、いろいろな表現の「あげパン」になります。子どもはこの「あげパン」を楽しそうに聞きながら、動きかたの変化への関心が高まっていきます。

　腕の前後回旋では、「イーッチ、ニィ」「サーン、シ…」と抑揚をつけて号令の声を出すと、子どもの縮まった腕が伸びて、元気のよい大きな回旋にもなります。背伸びの運動では、「先生、今日は『ウー』っていわないの？」「『ウー』っていったほうがよく伸びるよ」と子どもにいわれたこともあります。指導者の声かけやかけ声の抑揚やリズムが、子どもの動きかたを変えていくように思われます。

［関係する原理・本質法則］ 動感への関心

　視覚障害児に〈動きの課題〉を伝えるには、触れ合いながら一緒に動くことが大事であり、そのことが、指導者と視覚障害を持つ学習者のよい「出会い」[1] をつくります。この出会いが学習者の指導者への信頼感になります。視覚障害児は、幼少期の運動経験や運動量が晴眼児に比べればはるかに少ないのが現実です。できるようになった動きの外見だけではわかりにくいのですが、その運動経験の内的構造も、健常児のそれとは全く異質であることを忘れてはならないのです。「遠近感」にしても「気配感」にしても、その中身は健常者のそれとは異なります。彼らには、動きの課題に含まれる象徴的な〈身体のかたち〉を通して、また、指導者の動く身体との接触を通して伝わります。そこから動きの動感への関心が生まれます。

　視覚表象を持たない視覚障害児が、信頼を寄せる指導者の身体に触れて、そのかたちを通して、自身のなかに動きの課題の漠然とした動感表象が発生すると考えられます。彼らも、まだできない「動きの感じ」に関心を持つことがなければ、自分から「やってみたい」と感じる動機にはならないのです。後の、言葉による新たな動きかたの発生もうまくいかないと考えられます。指導者と視覚障害児が互いに身体を触れ合って〈動き動かされる〉ことによって、また、彼らの身体に響く言葉の表現によって、視覚表象を持たない子どもに動きかたへの関心が導かれます。

（河先 眞弓）

....

［文献］
1）金子明友『スポーツ運動学』明和出版、2009、pp.300-304

2. 障害と運動学

（2）視覚障害児のわざの発生

③ 視覚障害児のコツとカンを導く

[指導事例] **近づくボールを感じ取る**

　ボール運動における「捕る」は、盲学校の体育授業で行っているフロアバレーボール①、グランドソフトボール②の基礎技能の一つです。鈴入りボールを用いて転がして行います。子どもにしゃがんで手を横に広げて構えをつくってもらい、子どもの正面から声をかけ、声に対して身体の向きを正対するように指導します。はじめは、子どもの身体の中心にボールが届くように転がし、広げた手を両側から、ボールを抱え込むようにして捕れるようにします。「いくよ！」「ボール捕ってね！」「よく音聞いてね！」などと声をかけます。子どもは、はじめの頃は、ボールが身体に触れてはじめて、どこに来たのか実際にわかるのです。捕ることにより、ボールの転がってきたラインが描かれ、曖昧だったボールの動きがわかってくるように思われます。

[指導事例] **ボールを捕るカンの促発**

　手に触れるボールが捕れるようになったら、手から少し離れたところにボールを転がしていきます。手の届かないボールは、身体を正面に向けて、横方向にしゃがんで移動して捕ります。「届かなかったら、ちょっと手を伸ばしてみて」「右かなと思ったら、右にぴょんと跳んでみて」と、右か左か、届くか届かないか、意識を向けるように促します。横を向いてボールを追うと逃してしまい、方向や自分の位置の定位感が乱れてしまうようです。正面に身体を向けたまま動くために、「カニさん、カニさん通せんぼ」と声かけをしたりします。両手の延長に感覚を伸ばして横ラインが描かれ、右か左か直感で動いて、ボールに触れて捕れて、自身のカンの正否を確認しているようです。

[関係する原理・本質法則] **カンの形成**

　風向きや、建物などの環境によってその出来栄えが左右されやすい、視覚障害児のカンの形成は、物の動きの方向や速さを感じ取ることにかかっています。このカンは、主に音の媒介によって成り立っていると考えられます。音の大小だけでなく、遠くから聞こえる音、近くから聞こえる音、動きつつある方向や速さをも感じ分けています。「横を向いてボールを追う」と、こ

①フロアバレーボール
フロアバレーボールは、6人制バレーボールの規則を参考にして、視覚障害者と健常者が一緒にプレイできるように考案されています。ネットの下にボールを通して行います。前衛は盲児、後衛は弱視児が行います。前衛はネットに触れて身体の向きと距離を確認し、立って左右に移動する場合はネットの上部に触れます。コートのラインは触れて確認できるように、テープの下にひもを通してあります。

②グランドソフトボール
グランドソフトボールは、視覚障害者の野球です。ピッチャーはボールを転がして行います。

のカンの遠近感が乱れて、定位感も乱れてしまいます。動く物と自身の身体との空間的関係がわからなくなるのです。指導者の声かけがいつも子どもに対して正面から行われること、手を横に広げた横歩きによって、動く物に対する自身の身体との変化する関係を失なわないように、視覚障害児の身体が〈工夫〉した動きかたと考えられます。ここから出てくるカンの正否が、触れて捕ることによってはじめて確認されます。

［指導事例］ フープで仲間の動きを感じ取る

「なべなべ底抜け」は、フープの面を上にして両端を二人向かい合わせで持ち、フープを横から上に上げながら、それぞれ半回転して背中合わせとなり、さらに半回転して向かい合わせに戻る動きです。はじめは、二人が違う方向に回ろうとしたり、相手に振り回されたりしてうまくいきません。次第に、フープを持つ互いの動きが合うようになってきます。別の子どもとも組んで練習し、人によって違う動きかたを感じて楽しむ様子も見られます。

6～8人のグループで、フープでつながり円になって横にステップして回る動きがあります。隊形をつくって、他の児童の位置や距離、全体のかたちを把握できるように、子どもにそれぞれの位置から順番に自分の名前をいってもらいます。「本当だ、円だ！」という声も聞かれます。はじめは外に引っ張る子や内側に出る子がいて、円のかたちが崩れます。子どもたちにスピードを加減して足を出す方向や腕の位置に注意するよう促します。練習をするうちに、両隣の子どもの動きを感じ取って自身の動きを調整することができるようになってきます。フープの先の相手の動きを先読みするカンが働いていると思われます。一人ひとりの空間意識にみんなでつくっている円形が感じられているようです。それは、子どもたちがつくる円形を通して、一人ひとりがみんなの動きが合っていることを〈一体感〉とともに感じ取っているように見えるからです。

［関係する原理・本質法則］ 空間形象の形成

視覚障害児の生きる空間は、その遠近感が主に音や他人の声という聴覚的な感覚を基礎とする気配感から成り立っていると考えられます。空間形象（円）の把握も、触覚、聴覚と動く感じに支えられています。

他の子どもの動きを感じて動けるようになるのは、繰り返しのなかで、用具を介して伝わってくる他人が動く感じを再認し、さらにこの変化を先読みすることができるような時間的〈規則性〉[1]を身体感覚のなかに発見することによります。その物語を自分の身体でも〈聴き取りつつ語れる〉ようになっていきます。

（河先　眞弓）

....

［文献］
1）金子明友『身体知の形成・下』明和出版、2005、pp.12-18

Ⅵ 運動学ゼミナールのために

ゼミナール1
（1）学習者と指導者の間の〈なじみ〉をどのようにつくるか
（2）初心の指導者の運動共感能力をどのように培うか
（3）外見的に見落としがちな動きの欠点をどのように発見するか
（4）助走の動感構造をどのように指導するか
（5）球技のフェイント動作をどのように指導するか
（6）動きを培う補助の仕方をどのように指導するか
（7）幼児・児童の運動世界を大人がどのようにとらえるか
（8）動けない世界を健常者がどのように追体験できるか
（9）視覚障害児に練習対象の動きをどのように把握させるか

ゼミナール2
（1）初心者の動きの左右を替える指導はどのようにするか
（2）球技のコート内で動きながら全体の情況をとらえる能力を
　　　どのように導くか
（3）「今だ！」を見出す能力をどのように導くか
（4）運動学習での「反逆身体」の意義をどのように理解させるか
（5）「頭越し」局面を持つ運動をどのように指導するか

ゼミナール1

（1）学習者と指導者の間の〈なじみ〉を
どのようにつくるか

1. 学習者と指導者の関係について

　先日、ある大学の体育授業で、たまたま私が加わることとなった卓球のダブルスゲームの指導中に、偶然、ドライブサービスができた一人の学生が皆の前で涙を流しました。それは久しぶりに感動を覚えた瞬間でした。学生の話を聞くと、小、中、高を通じて、これまで運動を教わったことがない上、悪い動きの見本にまでさせられた体験があるとのことでした。

　私は卓球の初心者にも、ボールが台の上でバウンドする瞬間に「バウンス」と声を出し、それぞれのラケットに当たる瞬間に「ヒット」と声を出す方法でやってきました。これは、ボールが「バウンドする瞬間」や「ラケットで打たれる瞬間」については、誰もが知らないという事実を解釈して考案された方法です[1]。当人はこのやりかたになじんでいて、ペンホルダーのグリップや面を気にせずに、相手コートに直接ボールを入れてから、山なりのラリーをゆっくりとしたリズムで、私と一緒によい気分で続けていたことがあります。しかし今回のゲームで、ラケットを多少寝かせてドライブをかける1本出しの打ちかたが、ラリーのときに体験したのとは違う感じに気づいたのです。「先生みたいなサーブをやってみたい」とはじめて求めてきたので、「ボールの頭をこすり上げるような感じでやってみれば」といって、手のひらに置いたボールを、ラケットの面を下に向けて小さなスイングで「ヒット」といって当てるふりをしました。当人は食い入るように見ていたので、次はボールに共感しながらトスをあげようとする腕の動きと、打とうとするテイクバックの腕の動きとを同調させ、小さくトスしたボールが落ちてくるところを確実にとらえて打って見せました。まるでシンバルを小さく鳴らすように両手を協働させたトスの動きかたが、打とうとするときによい

| 1 握る | 2 回す | 3 転がす | 4 戻す | 5 握る |

図1　ボール操作の連続(例)

間合いを生んでいることを、学生が自ら感じ取っていたのです。

体育の存在根拠は、指導者が、様々な場面で動感を通じて学習者に共感的に関わりながら、その人とともに在るという態度に求めることができそうです。

2. 教材づくりと学習内容について

まず、ボールの選択が一番大切です。「ボールは、それそのものに動かしてやりたくなるような性質が『内在』」[2] しています。例えば、小学校の低・中学年生がハンドボールをもっと楽しめるように、ボールは中空で片手で握れるほどの大きさと柔らかさで、表面が指にくっついてくるような素材のものを選べば、もっとなじみやすいのです。また、空気の入れ加減は握りやすさを増し、カラフルなボールは子どもに好かれます。

子どもはボールに関心を持つと、それを手元でもてあそびながら、両手で軽く投げ上げたり、床に弾ませたりします。ボールになじみが生まれたら、様々なボール操作を行わせます。ボールの保持が甘い子どもには、両手や片手の指先でしっかり握る感じや手のひらで軽く包み込む感じ、そして手首を使って手の甲で転がす感じなどを習得させます（図1）。そして様々な状態からの"投げ上げキャッチ"など、多様な練習形態を工夫します。こうしてボール操作にもなじんでくると、仲間に投げたり、壁にぶつけたりしようとします。そこでの教材は子どもが夢中になるゲーム形態を工夫することが必要です（図2）。例えば、特に目標投げを視野に入れたゲームでは、とび箱、コーン、およびリングなどを利用したゴールなど、様々な場を子どもとともに工夫することができます。また、私たちが創作した「カウントダウン・ハンド」（図3）は、行為条件として、開始のルーズボールの奪い合いや、取得したボールを「3、2、1」と皆でかぞえているうちに投げなければならないことなどで、コートという場に独特な雰囲気をつくります。全身で感じ取る状態の感情などに着目し、場づくりをすることが大切です。　　　　　　　　　（佐藤　靖）

I ［行為的な条件］

プレーの仕方の改良

II ［物的な条件］

用具と器具の改良

フィールドやコートの改良

プレーヤーの人数の改良

ゲームの時間の改良

図2　ゲーム形態を工夫するための諸条件

図3　カウントダウン・ハンド

［文献］
1）T.ガルウェイ著、後藤新弥訳『新インナーゲーム』日刊スポーツ出版社、2000、pp.189-190
2）G.シュティーラー・I.コンツアック・H.デブラー著、唐木國彦監訳、長谷川裕・谷釜了正・佐藤靖共訳『ボールゲーム指導事典』大修館書店、1993、p.2

VI
運動ゼミナール
のために

（2）初心の指導者の運動共感能力をどのように培うか

　学習者ができない動きかたや勘違いの動きかたを行っているとき、それを観察する指導者が「なんでできないの」と考えることがあります。これには、二つの場合があります。一つは、学習者が「何をどのようにやろう」としているのかを見抜けない、つまり、全く共感できない場合です。もう一つは、学習者が「何をどのようにやろう」としているのかがわかって（共感できて）も、その動きかたを改善する方法が見つからない場合です。学習者のできない動きかたに共感できてその動きかたを改善するための具体的な動きの感じを伝えられる人は、「なんでできないの」とは考えません。多くの学習者の行う様々なわざを指導するためには、それぞれのわざの動感を見抜くための運動共感能力が必要とされています。運動共感能力のあるベテランの指導者は、学習者が行ったわざに共感して微妙な動感差を見抜くことができます。しかし、どんな有能な指導者もはじめからその能力を持っていたわけではありません。様々な経験を通してその能力を身につけてきたと考えられます。運動共感能力を身につける経験とはどのようなものなのでしょうか。

1. 指導者自身のわざの覚えかた

　指導者自身がどのようにしてわざを覚えてきたのかによって、そのわざに対する体験の幅が異なります。わざを覚えるのに人の何倍も練習しないとできなかった人と簡単に身につけた人では、苦労した人の方が多くの動感意識の貴重な体験を豊富に持っていて、様々な学習者の動きかたに共感できる可能性があるといわれています[1]。それに対して、「やってみたらできちゃった」という人には、できない人に共感するものはありません。運動学で「動感スキップ現象」[①]といわれているものです。指導者がわざを覚えるときにスキップしてきた動感については、改めてスキップした動感を確認しないと学習者の動感に共感できる財産が足りないことになります。

2. 無意識でできている動感の再確認

　わざのコツは、一度できてしまうと改めてとらえ直すことは難しいとされています。いつでも何も意識せずにほぼ同じようにできるようになったわざは、「どんな感じでやっているの」「何を気にしてやっているの」と問われても答えに窮します。たとえば、「歩くときには何を意識していますか」と聞

①動感スキップ現象
「動感スキップ現象」の説明の例として、ビルの最上階までエレベーターで行く人と階段を使って上る人の違いがあります。エレベーターで行った人は、途中階の様子はわかりません。それに対して階段を使った人は、上った階段の状況や途中階にあるものも確認しています。これと同じようなことが、動きかたを覚える過程でも起こっています。
また、厳密にいえば、すべての動きかたはスキップして獲得されたものともいえます。そのスキップの幅が広いか狭いかによって、動きかたの中身がわかるかどうかに差が生じます。
「教えるために覚え直す」ということは、このスキップした内容を確認する作業で、指導者に必要な創発分析能力といわれています。

かれても、即座に答えることはできずに、しばらく考えてから「前に進もうとしています」「少し前に体重をかけています」などと答えます。このときの「しばらく考えて」いることが、無意識的にできていることを再確認しようとしていることになります。いつでもできるわざのコツは、無意識的にできていることのなかに隠されていることが多く、言い換えれば、いつでもできるわざとは無意識的にできるわざともいえます。指導者となり、学習者のわざに共感しなければならないときには、無意識的にできていることを改めてきちんととらえ直す必要があります。わざを行うときに、「こんな感じでやるとうまくいく」「こんな感じで動かすとできない」など、意識する内容を様々に変えることで、わざのコツを改めて探っていくことができます。このような方法で、教えるためには覚え直す必要があることになります。

3. できない動きかたを考え続ける

運動学では、「教えてもできない学習者」は存在するはずもなく、「教えられない指導者」は存在すると考えています。実際の指導場面で、その学習者に合った的確なアドバイスをすることはそう簡単ではありません。そんなときには、その場でできなくとも、次の指導機会には解決できるように、共感できなかった学習者の動きの感じやできるための方法を考え続けることが必要です。そこから、観察によって確認されていた「気がかりな動きかた、気になる動きかた」や、聞き取り（交信）による「気がかりな言葉、気になる言葉」が、ふとした瞬間に無意識的な動きの感じと関連づけられることがあります。

4. 未経験のわざの指導

自分でやったことのない動きかたに共感するのはかなり難しい課題です。しかし、動感化原点領野[2]からわざの共通性を探ることで、多くのわざの共通項を取り出すことができ、そこから指導者が実際に実施したことのないわざの感覚も類推できるようになる可能性が生まれます。

5. 速い動きかたの観察

速い動きの共感も難しい課題です。身体細部の動きかたを追った観察では、動きの全体像や動きの感じはとても把握しきれません。このような場合、敢えて動きそのものから視点・焦点を外して観察すると、動きの全体像やリズムがとらえられ、関連する部分的な動きも確認できることがあります。この観察の仕方は、車の運転で視界全体をとらえているような感じと似ています。

（小海　隆樹）

[2]動感化原点領野
運動学では動きかたを構成するもととなる感覚を、動感化原点または始原身体知と名づけ、動く感じを探るための最も重要な感覚として定立しています。
この感覚は定位感、遠近感、気配感という三つの領域からなり、動きながらとらえている動感空間・動感時間を明らかにしていきます。ここでいう動感空間・時間とは、計測した空間や時計の時間とは異なり、動いている人が感覚でとらえる時間と空間を表しています。
少々難しくなりますが、「いま・ここ」をとらえるもととしての「絶対ゼロ点」から構成される定位感によって、動くなかでの上下・左右・前後が感じ取られます。定位感をもとに、ある方向に対しての距離感をとらえる遠近感、方向は定まっていないけれど周りの情況を感じ取る気配感が構成されます。
この考えかたから動く感じを改めて考えると、いろいろな動きかたに適した感覚が明らかとなってきます。

［文献］
1）金子明友『身体知の形成・上』明和出版、2005、p.41

ゼミナール 1

（3）外見的に見落としがちな動きの欠点を
どのように発見するか

　様々なスポーツ種目のわざを教えているとき、一般的に指導者は行われた動きのかたちを外側から観察し、自分の経験に照らし合わせて指導の言葉を出していきます。そこでは、学習者に今行った動きの感覚を聞き出す「借問」「指導者自らが学習者の動きを真似してみる、うまくいかない動きを確認する」などにより、学習者の動きを代行できることが大切です。

　ここでは、外見的に見落としがちな動きの欠点について、学習者が「前後・左右・上下の方向意識をどうとらえているか」「動きのどこを志向していたのか」という観点から考えていきます。

1.「方向意識」を考える

　何かの運動を行っているとき、その起点となるのがその動きに対する前後・左右・上下の位置関係をとらえる運動感覚意識になります。普通、人は立った状態で頭の上の方が上で目の前の方が前になります。普段はあまり問題にならないこの方向意識も、いろいろな体勢や姿勢が見られるスポーツ運動になると混乱を来すケースがよくあります。

　例えば、泳いで前に進んでいくときは、前に歩くときと違った方向意識になります。水のなかでうつ伏せになったとき、自分の前は顔の向いている水面下の方向ではなく、頭頂部の方向が前になります（図1）。そこでは、水中で水平位になることで方向感覚が変わり、子どものなかには水中で水平姿勢になろうとした途端、前後・左右や上下がわからなくなり、溺れそうになることがあるといいます。また、水泳のクロールを初心者に教えていると、息継ぎがうまくできず、横ではなく斜め前に顔を上げることがあります。これは水のなかでうつ伏せになった状態で頭の方向へ進むことに慣れておらず、息継ぎをしようとして水の上を志向したときに、頭の位置が日常での立った姿勢に戻ろうとする動きが現れるのではないかと考えられます。だからこそ、いろいろな泳ぎの練習に

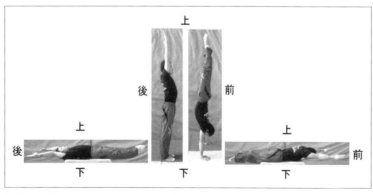

図1　いろいろな姿勢での方向のとらえかた

入る前には、「ふし浮き」「背浮き」「けのび」による、水に浮く水中での方向感覚づくりが必要で、いわゆる「落ち着ける場所」を見つけることが、その先に行くためにも大切な事柄なのです。

スキーのプルークボーゲンで斜面を滑り降りる練習では、滑る方向や姿勢を確認するために、ストックを滑る方向やフォールライン①に向ける、木や看板などの目標物を利用することがあります。また、低い姿勢をとらせるために、ストックの握る位置を中央に変えてみる、手をブーツに触れさせる姿勢をとらせることがあります。このような具体的運動課題や方向などを意識させる練習により、欠点の発見およびその修正指導につながることがあります。

2．動きの志向を考える

運動を行った後に、動きの「どこを」「どの方向に」志向していたのかを聞き出すことは指導上大切です。

例えば、立った姿勢からジャンプして左右どちらかに1回ひねりを行ってみて下さい。ひねり方向は自分でやりやすい方に行ったと思いますが、「ひねりはじめはどこに意識をおいていましたか？」。つまり、自分の顔や胸の方からのひねり感覚か、それとも背中や後頭部の方からのひねり感覚で行ったのかでは大きな違いがあります（図2）。あるとき、その感覚を聞き出し確認した後、ひねりの志向先を変えて行わせたことがあります。そこでは動きがスムーズになったり、逆に悪くなったりという現象が見られました。特に体操競技やフィギアスケートなど、ひねりを伴うわざがある種目では、これらの確認は重要です。

スケートのバックスケーティングを教えていたとき、はじめのうちは恐怖感や怖さから腰が引けた動きのまま、どちらかというと自分の前を意識しながら後ろに行こう行こうと滑る様子が見られました。ここでは、自分の前（目の前）を意識して後ろへ滑る感覚と、後ろを意識して後方に滑る感覚とでは大きく異なります。あるとき「背中をひもで引っ張られるような感じで滑ってみたら」という助言の後、後ろを志向したせいかその瞬間ガラッと動きが変わったときがあります。これらの志向感覚をとらえておくことは、この先にいくためにも大切です。

他にも、逆上がりを指導しているとき、動きの志向先を振り上げ足から踏み込み足や肩の倒しに変えさせた瞬間、水泳の息継ぎで吸うことから水中で息を吐くことを志向させたとき、動きが一気に変わったことがあります。

運動を身につけたり教えたりするとき、つい外側からの視点で運動をとらえてしまうことがありますが、動きを覚えるのはあくまでもその人自身です。運動指導上、その人自身が感じている方向意識や志向先についての確認は、コツにたどり着くための前提となります。

（田口　晴康）

図2　ひねりの意識

ゼミナール1

（4）助走の動感構造をどのように指導するか

1．スポーツにおける助走を伴った動き

　助走は、陸上競技の跳躍種目、器械運動のとび箱、サッカーやラグビーでのプレースキック、バレーボールでのスパイク、バスケットボールでのドリブルシュートなど、様々な場面で行われます。助走は、次に続く動きがスムースに展開されることを前提として、動きに勢いをつけたり、力強くするために行われるもので、助走そのものが目的とはなりません。このような内容は「走る」という動きとの結びつきはありませんが、次に行わなければならない動きを想定しながら、つまり、プロレープシス①を働かせながら動くこととともいえます。1）2）

①プロレープシス
人間が行う運動は、動こうとした時点で、すでに行うと決めた動き全体を先取りしており、その動き全体に対応した、もしくは適応した力の大きさやスピードで行われます。例として、紙の上に円を書いても、空中に指で大きな円を描いても、その円を書く時間には、ほぼ差がないことから説明でき、これを「定常的図形時間の規則」といい、デアヴォルトによって明らかにされました。この例を引用して、哲学者であり生理学者でもあるV.v. ヴァイツゼッカーが、この専門用語を生み出しました。

2．走り幅跳びにおける助走について

　体育の学習などでは、自分自身の走るスピードや1歩の歩幅など想定して跳ぶことができます。走り幅跳びを5～6歩程度の短助走で跳躍する場合も、同様です。これらの場合には、「踏み切る」という動きを含んで助走を開始することができます。しかし、助走歩数を伸ばして全助走での走り幅跳びとなると、物理的な距離も遠くなり、生命空間としても踏み切り位置を自己の身体のなかに取り込むことは難しくなります。このような場合、学習者の多くが、踏み切り位置から助走開始方向へ走っていくことで、助走開始位置を決めようとします。これは、短距離走のスプリントと同じ状態であり、必ず行わなければならない「踏み切り準備」「踏み切り」という動きを分離してしまっていることになります。これでは、助走が持つべき意味を成立させていないことになります。

　一方で、走り幅跳びには、「全助走練習」という練習手段があります。例えば、助走の歩数が14歩であれば、この14歩を1歩ごとにすべて数えるということもありますが、ただ機械的に反復をするタクトのようなものではあまり意味がありません。この14歩を区分して、最初の4歩＋中間の6歩＋最後の4歩というように、カウントしながら助走練習を行う方法もあります。例えば、1歩ごとのカウントの際に、足が地面と接地するときにカウントすることで、助走最初の4歩であれば「イ～チ、ニ～ィ、サ～ン、シ～ィ」というカウントの仕方で、1歩ごとの力の入れかたをコントロールす

ることもできます。

3．助走と踏み切りの組み合わせについて

　ここでは、走り幅跳びや走り高跳びの助走と踏み切りの組み合わせ運動に、焦点を当てていくことにします。動きと動きを結びつけるには、その動きを行う人を外側から見ていると、明らかに組み合わせるために動きの変化が見て取れます。一方で、行っている人自身は、動いている最中に、自分の動きを外側から見ることはできないため、動きの変化を自らの身体を操作しながら、こんな感じという内容をつくり出さなければなりません。この助走と踏み切りをつなぎ合わせるために必要な感覚をつくり出す補助的な練習は、ギャロップやスキップであったり、小さなハードルを数台用いて連続的に跳躍する方法です。ギャロップは「タッカタッカ…」、スキップは「タッタタッタ…」と表されます。両動作とも、一瞬、空中にいる時間があり、その空中に移行する前の動きを素早く行うことを表現していることになります。また、小さなハードルを数台用いて連続的に跳躍する場合は「タ・タン・タ・タン」となり、スキップやギャロップ以上に空中にいる時間が長くなります。このリズムが「ド・タン・ド・タン」となると、走り幅跳びや走り高跳びで行われるべき踏み切りへの移行とはならなくなります。これらの違いを、身体で知り、身体で覚えることは、助走とその後の動きを学習する上で必須ともいえるでしょう[3]。

4．助走のなかで展開されるコツとカン

　助走を開始する際には、事前に助走全体をどのような感じで走るかというコツと、その後の動きを含めた、先読み能力としてのカンを働かすことが求められるでしょう。一方で、実際に助走している際には、踏み切りに向かって足が合うか合わないかが途中で判断され、調節して合わせようとしたり、全く合わないまま走りすぎるということが起きます。助走を行い、踏み切って空中に跳び出すということは、踏み切り位置で足が合うという確信が生まれない限り、踏み切ることはできません。「歩きながら部屋のなかの障害物をまたぐ」場合でも、動きながら身体全体で感じ取り、さらには自己の身体を次の情況に合わせることができるという、「徒手伸長能力」[2]が働いています。この徒手伸長能力を最大限に駆使して足を合わせることも助走であり、助走が本来持っている機能を最大限に働かすことにもなります。[4]

（石塚　浩）

②徒手伸長能力
人間の持っている動きを感じ取るという内容を、身体全体として持ち、さらに自己の身体が動くことで広がりを持つことを意味します。この能力によって、座ったままの姿勢で手が届きそうな物を取る際に、座ったままで手を伸ばしたり、届かなければ上体を傾けて手を伸ばしたりして、物を取ることができます。走りながら踏み切り板や踏み切る位置に足を合わせることが、この能力によって達成されます。

［文献］
1 ）金子明友『わざの伝承』明和出版、2002、pp.499-505
2 ）V.v. ヴァイツゼッカー著、木村敏・浜中淑彦訳『ゲシュタルトクライス』みすず書房、1975、pp.224-238
3 ）石塚浩「往復書簡 走り幅跳びの中心的課題をスポーツ運動学の視座から再考する（返信）」体育科教育 65-1、大修館書店、2017、pp.36-39
4 ）金子明友『わざの伝承』pp.501-503

ゼミナール1

（5）球技のフェイント動作をどのように指導するか

1．様々なフェイント

　球技では様々な競技種目のフェイントが挙げられます。例えばバレーボールでの一人時間差攻撃、ハンドボールでのループシュート、バスケットボールでのシュートをねらおうとしてドリブルに切り替えるフェイクなどが考えられます。「一般にフェイントとは敵の反応を誤らせようとするのがねらいになっているものである。単に見せかけだけで実際には行われない運動を敵に先取りさせようとする」[1]といわれるように、見せかけの動作によって相手の思い違いや誤った反応を誘発し、自分の意図するプレーを可能にする行為と考えられます。

　このようにフェイント動作を理解した場合、見せかけの動作は相手をあざむき、誤った判断へと誘うための導入動作が極めて重要となります。シュートをしようとしてドリブルに変えるような別の動作を組み合わせることや、顔や視線を別の場所に向けて相手の集中や注意をそらせるような行為を転じて、それに続く本来の意図とする動作へと移っていくことも行われます。また緩やかな動きから一転して素早い動きに変わる緩急の変化もフェイントの要素となるでしょう。いかに見せかけの動作を相手にわからせるかという事が大切になってきます。

　そして、ここには、先取りの問題も潜んでいるようです。運動の先取りには、自分の運動の先取りとともに他者の運動の先取りがあります。フェイントに引っかかってしまう現象には、守備者が攻撃者の運動を先取りしようとする感覚が含まれていると考えられます。ですから、先取りする側に「裏をかかれた！」という感覚を引き起こさせるために、身体の動かしかたや目線などを使う導入動作が重要になってくるのです。

　他の例では、テニスでのフォアハンドストロークと見せかけたドロップショット、野球での速球の予想を覆すチェンジアップなどにも、フェイントの要素が見られます。これらの例では、見せかけの動作で誤った反応を誘発するだけでなく、それ以前のボールの軌跡やスピードなどが相手の残像にあって、その球種を相手が予想して先取りすることで、次の異なった球種に対応しづらくなることが起こり得るのです。このプレーが不意におとずれた場合は、相手にとって対応を変えるのが難しくなることは経験からよく理解できます。

2．フェイントに必要な身体知を触発する

　新しく発生させる運動は、示範によって視覚的な手本を与えられることが一般的です。まずは指導者自身が一つのドリブル突破の例を示して見せます。これを丁寧に教えることで、相手守備者を突破できる一つの「わざ」を覚えてもらいます。私の指導では、その突破例を確認のため何度かデモンストレーションした後、次の実演に特に注目をしてもらいます。そのやりかたを途中までやるように思わせて「しない」（ボールをまたいでシザースする！）という実演を試みます。見ている側から「えっ！」という驚きの声が湧き上がります。つい先ほど学習した方法をすると思っている学習者の予想を裏切って別の突破方法を演じてみるのです。この違いをはっきり示すことによって、フェイントを意識化させることができるものと考えます。

　「対人競技で相手にフェイントを仕掛けるときには先読みのカン身体知が主題化される」[2]といわれています。つまり、上記のような示範は、フェイントを実現するために不足している先読みのカン身体知の存在を気づかせ、この実演によって初心者に対するフェイントの感覚世界を意識化させることができると考えるのです。学習者がまさに対応している守備者の心持ちに共感できるように、指導者自らが大きな導入動作で残像を鮮明に記憶させ、学習者を予想外の心持ちにさせ驚きを感じさせることで触発することを心がけます。

　しかし、実際の動作に移してみても相手はフェイントに引っかからないという現象も起きてしまいます。フェイントをかけている側が、相手の反応をよく観察しないで次の動作に移行した場合、タイミングが早すぎて相手がフェイントに全く気づいていないこともしばしば見受けられます。フェイントはあたかもその動作が本物のねらいであるかのように行い、相手にはっきり見せつけなければなりません。同時に、「対峙する選手と『対話』することを志向する」[3]ことが求められます。その意味で、異なる二つの動作を利用できるコツを身につけておいてから、相手の反応の仕方を見極めて実施できるカンが必要となるのです。

　指導者や他の選手らによって、学習者のカンが触発されることでフェイントに関心を持てるようになるようです。関連する技術を幅広く持ち、その動作のコツを意図的かつ段階的に習得していくように促がせればよいでしょう。それは、相手のいない情況で、消極的な守備者の情況で、ゲームと類似した情況へと設定を段階的に変化させていくことで、フェイント動作のコツやカンの習得へと関心を呼び覚ますものになると考えます。　　（曽根　純也）

［文献］
1）K.マイネル著、金子明友訳『マイネル　スポーツ運動学』大修館書店、1981、p.234
2）金子明友『身体知の構造』明和出版、2007、p.315-
3）曾田宏「球技における個人戦術に関する実践知の理解の仕方」スポーツ運動学研究25、日本スポーツ運動学会、2012、p.25

ゼミナール1

（6）動きを培う補助の仕方をどのように指導するか

1．難しい運動も一歩から

テレビのなかで見る体操選手が決める大わざ。何か特別なことをしているかのような感覚になる人も多いかもしれません。

大わざをいとも簡単に決める体操選手たちも、最初から何でもできたわけではありません。幼い頃から様々な運動を経験し、長い年月をかけて基本のわざから一つひとつ丁寧に身につけ、積み上げていった結果がテレビに映る大わざなのです。

体操競技や器械運動のわざは、非日常の運動がほとんどです。日常の運動とは、歩いたり走ったり、ジャンプしたり、物を投げたり捕ったりなど、わざわざ学習しなくても日常生活を送るなかで自然に習得し、その技能が身につくものです。しかし非日常の運動は、文字通り日常生活のなかで経験しない運動ですので、学習して身につけなければできるようになりません。

例えば、逆さまの状態になる倒立、後方に回転するマット運動の後転や鉄棒運動の逆上がりなどがこれにあたります。これらの運動は、歩行運動や走運動などと違い、自然発生することは考えにくい運動です。

このような非日常的な運動を身につける学習場面で大変有効な方法があります。それは指導者による「補助」です。

2．様々な「補助」

補助の機能には、大きく分けて二種類あります。

①全くできない運動を体験させる補助（未経験の動きを体験するための補助）

はじめて逆上がりや後転に挑戦するときなどの補助がこれにあたります。補助がなければ運動自体が成立しませんし、回転の途中で止まってしまうとケガの危険などもあるので、この場合に補助は欠かせません。つまり補助に100％依存する状況です。

このときは、補助によって学習者の全体重をコントロールしなければならないので、身体の重心付近（腰回り）を補助することが求められます。こうすることによって、学習者が経験したことのない様々な運動の感覚を体験させることが可能になるのです。

②足りない部分を補う補助（修正のための補助）

　①との決定的な違いは部分的な補助であるという点です。つまり、学習者の運動を100％変化させるのではなく、状況に応じて補助の度合いを調整することにより、運動を部分的に変化させることが目的です。

　例えば、運動の勢いが少し足りない場合に、それを補うような補助や、適切でない運動リズムを修正する場合に、適切なタイミングで小さな力を学習者の身体の一部に作用させることで、運動に変化を与える場合などがあります。

　これらは主に、身体の重心付近だけではなく、重心から離れた末端の部位を補助することによって、運動を変化させることが可能になるのがこの補助の特徴です。

③用器具を用いた補助

　①、②のいずれの場合にせよ、指導者による補助と、用器具を使った補助とがあり、どちらにもメリットとデメリットがあります。

　まず指導者による補助については、様々な学習者に対して個別に対応できるということや、力の入れ具合を調節することで、運動への関わり具合を微妙に操作することが可能になるというメリットがある一方、補助者の補助そのものの技能習得が必要であるという点や、数多くの学習者がいる場合などでは、補助者の手が回らないことよって補助の質が低下してしまうなどのデメリットがあります。

　一方、用器具は常に一定の働きをするため、補助の質の低下はありません。この特徴は、学習者がうまくいったりうまくいかなかったりする原因を学習者が自身の動きに求めることということにつながります。つまり、使用している用器具に今の運動遂行がどの程度依存しているかということを、学習者自身で安全にフィードバックすることができるという点がメリットとなります（図）。

　しかし、抱えている問題解決にフィットしない場合などは、その用器具を使っても学習効果が得られないこともあるので注意が必要となります。

器具を用いた補助の例

3．補助を行うときの注意点

　効果的な補助を行うために最も重要なことは「学習者の運動の先取り」です。動きに必要な勢いが足りなくてできない場合、学習者が動こうとする方向へ勢いが働いているうちに、その同じ方向へ補助者が力を加えることができれば、最小限の力で効果を発揮することができ、効果的な補助となります。これが「補助のスキル」といえます。このスキルを高めるためには、動きかたへの理解を深めることと、目の前の学習者の運動経過をつぶさに観察し、その特徴を細かい点までとらえることが非常に重要となります。

（佐伯　聡史）

ゼミナール1

（7）幼児・児童の運動世界を大人が
　　どのようにとらえるか

1．赤ちゃんの動き

　学生に質問を投げかけてみました。「生後半年頃の自分の子どもが仰向け
に寝ています。顔を横に向けたら大好きなおもちゃがあり、手を伸ばしても
届かないので横向きになりました（図）。しかし、寝返りができず止まって
しまい『ウー、ウー』といっています。そのときあなたならどうしま
すか」。この問いに対して、ある男子学生から「おもちゃを取ってあ
げます」という答えが返ってきました。その回答を受けて、即座に
「それは父親として最悪の対応ですね」と厳しい言葉を返しました。

寝返りをしようとする赤ちゃん

　もちろん、彼は子どもへの優しい気持ちから答えたのであり、情況
によっては、その行動が正しいでしょう。しかし、子どもがおもちゃを手に
取りたいと自分の身体を動かしたのに、渡してあげてしまったら、動かなく
ても目的は達せられます。すると、子どもはおもちゃを手に取るために動く
必要はなくなり、子どもの動く機会を奪ってしまいます。

　それでは、親としてどのように応じるのがよいのでしょうか。子どもは寝
返りができないので、欲しいおもちゃが手に取れないのは事実です。できな
いとあきらめたら、試みることもしなくなってしまうかもしれません。

　学生の授業においては、次に「おもちゃを渡してあげる以外に、子どもが
目的を達成できるように援助する方法はないでしょうか」と質問してみまし
た。これに対して学生からは、「腰を押してあげます」という答えや、「腕を
つかんで引っ張ってあげます」という答えが出ました。これらの援助は、赤
ちゃんが寝返りを完了できるように回る力を加えるということです。そこ
で、「それはいいですね。でも、いつまで力を貸してあげるのでしょうか。
どうやったら自力で寝返りできるように導けるでしょうか」と、さらに問い
かけていきます。

　この質問になると、学生から新たな答えは返ってこなくなります。学生は
子どもを育てた経験がなく、赤ちゃんの動きを実感することも難しいので、
答えられないのは仕方ありません。ここで、横向きの体勢の赤ちゃんに下に
なっている手（図の左手）で親の指を1本握らせると、赤ちゃんが寝返りに
成功するというエピソードを学生に紹介します。そして、「なぜ、親の指を
握っただけでできなかった寝返りに成功するのでしょうか。赤ちゃんの身体

にどのような変化があったのでしょうか」と発問します。この問いに対して、学生からはなかなか答えが返ってきません。

2．生活のなかの動きのヒント

そこで、「おじいさんやおばあさんと一緒に暮らしている人、あるいは暮らしたことのある人はいませんか」と聞いて、手を挙げた学生に、「家のなかにおじいさん、おばあさんのために付けてあるものはありませんか」と質問します。答えが返ってこないときには、「赤ちゃんが寝返りに成功するのはどうしたからでしたか」と聞いて、何かをつかむということを確認させると、学生は「手すり」にようやく気づきます。まさしく親の指は、赤ちゃんにとって寝返るための「手すり」なのです。

この寝返りの発達への親の関わりかたは、子どもの運動指導に貴重な示唆を与えてくれています。

はじめは「おもちゃが欲しいからやってみよう」と思って手を伸ばしても届かず、さらに身体の向きを変えることもできません。その時点では、手を伸ばしたことを受け止め、おもちゃを取れるところまで近づけてあげるという援助もよいかもしれません。それによって、赤ちゃんも類似の情況において嫌な感じを持たずに、再び同じように取ろうと試みるでしょう。

次に、身体の向きを変え始めるようになれば、寝返りを完了するために力を加え、回ること自体を助けてあげます。そして、あと一息というところまで回れるようになったら、回る力を自分で生み出しやすいように「手すり」として親の指を握らせるのです。

このように、子どもの発達に応じて援助の仕方を変えながら、一人で寝返りができるように促していきます。段階的に学習を進めるということは、子どもにとって、そのつど異なる目標があることを意味しています。子どもにとって学習すべき動きは、運動発達の過程において変わっていくのであり、大人の価値観で一つの動きを正しいと決めつけて型にはめ込んではいけません。

体育・スポーツにおいては、難しい運動を指導するほうが大変であると考えられがちです。もちろん、指導者にとって自身も「できなかった」「やったことがない」運動を教えることが難しいのは間違いありません。しかし、当たり前にできると思っている運動を教えるのも難しいのです。なぜならば、自ずとできるようになったと感じられる運動については、本人は学習した自覚がないからです。このゼミナールで取り上げた「寝返り」もその一つです。

世界チャンピオンになるようなスポーツ選手でも、生まれたときはほとんど動けないのです。誰もがほぼ何もできない状態で生まれるわけですから、子どもの動きを見て、どこまで発達しているのか判断し、指導することが大切です。

（三輪　佳見）

（8）動けない世界を健常者がどのように 追体験できるか

　2ℓ（2kg）の水が入ったペットボトルを片手で頭の上まで持ち上げて振ってみて下さい。結構な努力が必要なことが実感できます（図）。しかし私たちの片腕自体の重さは、そのペットボトル2本分の約4kg（体重の約6.5%）もあり、片脚はなんとペットボトル5本以上の11kg（約18%）にもなる重い重い重りです。だからペットボトル1本を持っているときには、腕の重さと合わせて合計で6kgもの重い荷物を持ち上げていることになります。それなのに、私たちは毎日お箸を持ったり、服を着替えたりするときに、いつも無意識に4kgの重りである腕ごと当たり前に持ち上げていても、その動作で自分の腕が重いと感じることはありません。それは生まれて以来、数え切れない遊びを通じて、知らないうちに頭のてっぺんから手足の指先までを思いのままに扱うことができるようになっていく過程で、自分の身体が「重さのない重り」となって、自分の身体の意識の奥に溶け込んで隠れてしまっているからです。

　しかしいったん身体に障害が生じると、すべての動作を意識しないといけなくなり、動作のたびに自分の身体が「重い鉄アレイ」のような、扱うのが大変な物体となって意識にのぼり、すべての動作にいつも悩まされることになります。障害を持たれた方の動きづらさを追体験するためには、手足に重りを巻きつけていろんな運動をしてみることがヒントになりそうです。そうすれば動く前にすでに動作の大変さを予感してしまっていることに気がつく

片手でペットボトルを持ち上げる

でしょう。このことに気がついて、「私も自分で体験してあなたの大変さはよくわかったから、がんばればできるよ」と励ましながら繰り返しトレーニングをすればよいかというと、実はこのような指導だけでは足りません。その理由は、私が理解したと思っている障害当事者の動きづらさは、本当にその人の動きづらさと同じなのかどうかは、指導している私の側からは一方的には判断できないということです。指導する側とされる側で、動作の同じ困難性の感じを共有することは、厳密にはできないということです。さらにいえ

ば、動作の困難さを共有するためには障害を持たれた人であろうがなかろうが、指導する人自身の感性や一方通行の観察力だけでは足りないということでもあります。

　障害を持たれた方の動きづらさには、手足が麻痺して自分の動く感じがわからない（運動麻痺）、関節が固まっている（拘縮）、義足や股関節や膝に人工の関節が入っている（代替身体）、痛みや痺れがある（感覚麻痺）、自分の今いる周囲の情況をうまく認識できない（高次脳機能障害）など、様々な原因がありますし、また生まれたときから動く世界を一度も体験したことのない重度障害の子どもたちもいます。これらの動きづらさを自分のこととして擬似的に追体験し、理解して分析・指導することはとても大切なのですが、私が動作の困難さを理解したと思い込んでいる困難さが、その人も感じている「動きにくさの感じ」と本当に同じなのかどうかを確かめるためには、指導する側とされる側の間で交わされる動く感じの交信作業がなによりも必要です。

　この難題の最も典型的な例ですが、片腕を切断された人が、しばらくしても「私はまだこの腕が痛い」と訴える幻肢痛という現象があります。腕がなくなったということを、私たちは客観的に理解し、片腕がない不便さを共感できるように思いますが、その腕が痛いといわれたとき、私たちはその人しか感じることのできない苦しみや痛みに対して、そのこともわかりますと簡単にいえるでしょうか。

　障害のある方々の動作の困難さを追体験を通じて共有し分析し、その上で運動指導したり介護したりする際の支援方法には、障害の特徴ごとに合った擬似的な体験を通して理解しておくことがまず大切ですが、同時にもっと大切なことは、「あなたはその動作の大変さをどんなふうに感じているの？」という問いかけへの答えに耳を澄ませることだと思います。支援者が障害当事者を外側から観察して感じて理解したかに思えたとしても、その人がどんなふうに動きづらさの世界を生きているかを、その人自身の表情や対話や感じかたの仕草を通じて、「動く感じの相互の交信」をすることを抜きにしては指導はできません。このことは、健常児・者への運動指導の場合にも全く同じだと思います。すべての運動を指導する人の姿勢には、当事者自身の動きの世界が広がらない困難さへの悩みに対してまず問いかけ、当事者自身でさえ答えられないなかでの答えに耳を傾け、そのことを自分のことのように感じ取り、運動の困難さを共感する分析を通して、その時どきの解決策を相互交信的に創意工夫できる指導の想像力が求められるのだと思います。

（岸本　眞）

ゼミナール１

（9）視覚障害児に練習対象の動きを
　　どのように把握させるか

　新しい運動を指導する場合、見本、示範は動きのかたちをイメージさせるのに非常に有効です。しかし視覚障害児に動きを指導する場合には、児童は視覚からの情報は得られないので、言葉による指示で動きを導き出すことが大変重要になります。また、周りの環境や場の設定を児童が把握できるようにしておくことが大切です。

１．サッカーにおける「ボールを止める」練習課題

①ブラインドサッカーのボール　フットサルボールと同じ大きさで、転がると音が出る特別なボールです。全盲の選手たちにもボールの位置や転がりがわかります。

　ブラインドサッカーのボール①は、転がると「カシャカシャ」という音がしてよく聞こえます。ボールに合わせて一緒に動けるようになっても、ボールを止めるのは難しいと思われます。なかなか足を出せずにボールが止まってしまったり、移動している間に足がボールに当たって転がしてしまったりします。ボールとの隔たりは、ボールを止めてはじめて実感できると思われます。そこで、「止める」という感覚を体験させる一歩手前の練習段階を考えました。図のように、先生Aから先生Bにボールを蹴ります。AとBの間隔は６ｍくらいで、児童は中間に位置し、ボールが転がるラインに体の正面を向けて立ちます。児童は左からのボールに右足を乗せて止めます。そして左足で足の内側をボールに当ててBの方向に蹴ります。Bからのボールは左足で止め、右足でAに転がします。先生は声で児童に位置を知らせます。児童は、先生と自分の位置空間を定位感、遠近感でとらえます。児童はボールの転がるラインを思い描いて、カンを働かせて近づくボールの動きを感じ取っていきます。ボールの動きをとらえやすい空間をつくり、児童がボールの動きと自分の動きを合わせることだけに意識を向けられるようにします。ある児童は、ボールを止めようとして足を置いたら、足の下をボールが通り過ぎてしまいました。このことがわかったようで、その後はタイミングを合わせて止めることができました。「ボールがピタッと止まる感覚」を体験し、ボールを止める「ちょうどよい位置」

「ボールを止める」練習の場の設定

「ちょうどよいタイミング」を覚えることができます。

　この練習をしてから発展課題を実施しました。足を横に振ってボールを蹴り出しボールと一緒に移動し、反対の足でボールを止め、これを左右に連続するという課題です。児童を座らせ、間近で私が見本を示して伝えました。動きに合わせ、「右足で左に蹴るよ」「ポーン」「ラッタタッタタ」「ピタッ」「ポン」「カニさんカニさん」「ピタッ」……と声を出して行いました。動きながら動きに合わせて、私の動きの感じを言葉と声にして伝えました。児童は、私の動きを身体全体で感じ取っているように思われます。ある児童は、「ボールの動きが面白いよ。ピタッと止まるのが面白い」といいました。ボールを止める動きの感じと、音が止まるボールの動きとを重ねて思い浮かべているのでしょうか。ボールの動き、リズムを自分の感覚でとらえているようです。事前に「止める」練習をしたことで、児童たちは「ピタッ」という言葉で動きがわかり、自分の動きかたを思い描けたのではないかと思われます。

2．マット運動における「前転」の言葉による指導

　前転の基礎技能を養うための「ゆりかご」は、「体育座り」から「ごろんと後ろに転がって戻ってこれるかな」などと指示して行わせ、次に、ゆりかごから素早く立ち上がって「気をつけ」の姿勢につなげました。開始姿勢と終末姿勢は、すでに姿勢や動きと言葉が対応している「気をつけ」「体育座り」「ジャンプ」などを活用します。動きかたは、前転からの立ち上がりは「スッ」、着地は「ピタッ」、ポーズをとるときには「ピッ」、さらに「今のは『コロリン』じゃなくて『バタン』だった」といったように、擬音語、擬態語をたくさん用います。これらを「動感言語」[1]といいます。動感言語を使って声の調子や言い表しかたを駆使し、どう動いているのか、どう動いてほしいかなどを伝えます。児童に「『ヨイショ』じゃなくて『シュッ』と立って」といったら勢いよく立ち上がり、コツの発生を導きました。児童は他の児童の動きかたに関心を持っているようで、ほめられた児童の動きを真似して動きかたが変化したりします。動感言語を用いることで、他の児童の動きかたも思い描きやすくなると感じます。さらに、動きかたを表す簡潔な言葉を並べていくことで、新しい運動を体験させることもできます。例えば、前転は、「気をつけ→手を着いて→おへそ見て→ころりん→ジャンプ」といった言葉の指示で指導しました。この動きの流れに沿った簡潔な言葉は、次の指示を予測させスムーズな実施を促します。また、声の抑揚、強弱、アクセント、間合いなどを工夫し変化させ、運動全体のリズム、運動メロディーを伝えることができると思われます。　　　　　　　　　　（河先　眞弓）

［文献］
1 ）金子明友『身体知の形成・下』明和出版、2005、p.194, p.240

ゼミナール2

（1）初心者の動きの左右を替える指導は　どのようにするか

1．動きには得意な側がある

　かけっこのスタートにおける「ヨーイ」の構えの姿勢を思い浮かべて下さい。どちら側の足を前にして構えるでしょうか。動きの感じ〈動感〉を思い浮かべてわかる人もいれば、実際に構えの姿勢をしてみることで見極める人もいるでしょう。このスタートの構えのように、私たちの運動には、その動感が構成されてくるなかで、左右のどちらかの側に〈やりやすさ〉を感じて優位に用いようとする現象が現れてくることが知られています。この現象を運動学では「優勢化現象」[1]と呼んでいます。代表的な優勢化現象として、「利き手」「利き足」があり、学校体育やスポーツ活動で行う運動のなかにもその例を見つけることができます。例えばラケットを握る手、ボールを蹴る足、マット運動で行う倒立の振り上げ足、陸上運動の走り幅跳びの踏み切り足などを挙げることができるでしょう。また、こうした手や足に現れる優勢化現象のほかにも、〈やりやすさ〉を感じる側は、身体の長軸回転[①]における「ひねり」、あるいは前後軸回転[②]における側方への「回転」など、運動方向においても現れてくることが知られています。このように、私たちの行う運動は、左右の動感が対称的に感じられることはありません。必ず、〈やりやすさ〉を感じる得意な側（優勢な側）が生じてくるという動感非対称性があり、このことを「優勢化法則」[2]と呼んでいます。

　学校体育やスポーツの学習場面を思い起こしてみると、初心者[③]は、左右のどちらが得意な側なのか動感を通して見極めることのできる優勢化能力がまだ育っていないものです。そのため、「なんとなくこっちかな」と場当たり的に動きかたの左右を選んでしまうことで、後々の運動の学習が進まなくなってしまう事例が多く見受けられます。例えば、倒立の振り上げ足や、走り幅跳びの踏み切り足をどちら側で行うと〈しっくりくる〉のかわからない場合について考えてみます。初心者は、倒立の練習を行う際に、そのつど左右の振り上げ足（支持足）が定まらないまま練習を繰り返すことが多くあります。そうした場合、自分の動感に意識を向けても、「どこへどのくらいの勢いで足を振り上げるのか」というコツは浮かび上がってこないものなのです。また、走り幅跳びの踏み切り足をあらかじめ決められない場合には、助走のなかで踏み切り位置を先読みして足を合わせるという上位の形成位相

①長軸回転
頭から体幹の中心を通って地面に向かう軸のことを指します。

②前後軸回転
身体の中心を通って前後に向かう軸のことを指します。

③初心者
はじめてその運動に取り組む学習者のことを指します。

（習熟位相）には進むことができなくなるのです。

　そのため、初心者の指導においては、動感の視点から、動きの左右に〈やりやすさ〉の違いがあることに気づいてもらい、得意な側（優勢な側）を見つけさせてあげることが大切になります。そうした指導が、動きの学習の可能性を大きく広げることになるのです。

２．動きの学習と優勢化能力

　私たちが運動を覚えるときには、自分の動きかたを意識的にとらえ返しながら覚える場合と、自分の動きかたに意識を向けることなく覚える場合があります。どちらの場合でも、動きの左右に〈やりやすさ〉の違いがあることに気づき始めるのは、動きに優勢な側を感じるちからである優勢化能力が働くときです。

　例えば、日常生活のなかで小さな水たまりを跳び越すときや、階段を上がり始めるときには、どちら側の足で行っても不都合を感じずに動くことができます。このように能動的に自分のコツを意識することなく、何の気なしに行える運動では、優勢化能力も顕在化する必要がありませんから、自分の動きの得意な側にも気づくことはないのです。ところが、大きな水たまりを跳び越そうとするときや、階段を駆け上がろうとするときには、どうしても自分の動きをとらえ返して、どちらの側で行うと動きやすいのかを感じ取る必要が生じてきます。自ずと、いつもは意識することのなかった優勢化能力と向き合って、左右の動きの「こちら側がやりやすそう」という優勢な感じに気づくようになるのです。走り幅跳びの学習を例に挙げると、左右どちら側の足が踏み切りやすいかを感じ取れると、踏み切りやすい足での練習が始まります。そして、「勢いを止めずに踏み切れた」とか「今のよりも１回前にやった方がいい感じだった」などの動感の違いがわかるようになり、さらに「踏み切り板に足を合わせて跳躍したい」という動機も働くようになるのです。このように優勢化能力は、「左右どちら側がやりやすいのか」という動きの学習にとって有意味な手掛かりを探し出し、新しい動きの発生に向けて動感メロディを構成したり、修正していくきっかけとしても働きます。

　加えて、優勢化能力には普段から慣れ親しんでいる動きを、意図的に得意としない側（優勢でない側）で行うことで、これまで気づくことのなかった動きの感じを浮かび上がらせる働きもあります。例えば、バスケットボールで行うドリブルからのレイアップシュート④を得意としない側で行う場合には、得意な側で流れていた動感メロディをもとにしながら、反対側でも同様のメロディが流れるように動きの感じを構成しようとします。自ずと、これまで意識されることのなかった助走からのステップやボール操作の仕方を、改めて動きの感じとしてとらえ返す必要が生じてくるのです。このように、得意でない側で運動を行うことで得られる動感を手掛かりにすることで、これまで意識を向けずにいた得意とする側の動きをとらえ返して修正するため

④ドリブルからのレイアップシュート
バスケットボールで、ドリブルから２歩の踏み切りでボールをゴールのリング上に置いてくるように放つシュートのことを指します。

の練習にも役立てることができます。こうした練習方法は、欠点を指摘して悪い部分を取り替えようとする部品交換的な学習の考えかたとは明らかに異なり、優勢化能力に基づいた新たな動きの感じを生み出す修正学習として理解されるのです。

［指導実践に向けて］ 初心者の動きの左右を替える

　動きの優勢化現象は、個人の運動経験や動感を拠りどころとしていますから、動きの左右を見極める学習に関して機械的に法則化を探れるものではありません。そのため、特に初心者の指導においては、促発指導（観察・交信・代行・処方）の立場から、一人ひとりの動きの感じに寄り添って学習の拠りどころとなる運動経験を豊富に蓄えさせるなかで、どちらの側で行うべきなのかということを学習者と指導者が一緒に考えていくことが大切になります。

　学校体育やスポーツの初心者が、専門的に指導されることなく身につけてきた動きは、左右の〈やりやすさ〉の違いに気づくことなく覚え込んで、ある程度の習熟になってしまうことがあります。そのため、初心者が身につけた動きのなかには、左右を替えることで後々の学習や活動に好ましい影響を与える場合もあるのです。特に初心者は、自分の動きがどうなっているか観察する能力や、動きの感じをとらえて修正する能力が十分に育っていません。そのため、初心者の動きの指導にこそ、経験豊富な教師やスポーツ指導者による動きの学習への関わりが重要になってくるのです。

　ここで、優勢化能力の視点から初心者の動きの左右を替えることで、後々の学習や活動によい効果をもたらすと考えられる指導例について見ていきます。

（1）戦術上の有利性のために左右を替える

　まず挙げられるのは、戦術上の有利性という理由から、動きの左右を替える指導です。近年、卓球やバドミントン、あるいはソフトボールなどの種目において、将来取り組むゲームを有利に展開するために、初心者の時期から右利きであっても、ラケットを持つ手やバットを振る側を左側へと替えるための指導が知られています。そうした指導においては、左右を替えることで得られる利点と問題点について学習者と共通理解するとともに、左側における中核的な動きの感じをつかませるための練習方法をつくり出して、優勢化を促していくことが大切になるでしょう。

（2）他の動きとの関係で左右を替える

　次に挙げられるのは、身につけた動きの前後にくる運動とのつながりや、中核となる局面との関係から、動きの左右を替える指導です。例えば、マット運動で行う倒立の振り上げ足と側方倒立回転で回る方向が一致しない場合、あるいは走り高跳びの踏み切り足とバーに走り込んでくる方向が一致しない場合には、絡み合っている得意な側のどちらを生かすべきなのかを決め

なければなりません。指導においては、動きの得意な側と回転方向などとの関係から、生かすべき側を見つけ出して、動きの左右を替えるよう促していくことが必要になります。筆者の経験では、初心者がすでに身につけている基本となる動きの得意な側を生かすことで、左右を替えても新たに動きの感じを生み出しやすくなるようです。他の動きとの関係で左右を替える指導では、内観的反復練習によって、初心者に優性化能力の芽生えを促していくことが大切になるでしょう。

（３）やりやすい側を選び出すために左右を替える

　最後に挙げられるのは、左右どちらが〈やりやすさ〉を感じる側なのかを見極めさせるために、動きの左右を替える指導です。一般に、初心者は自分の動きの得意な側を意識できない場合が多くあります。そのため、初心者の時期に動きの左右に〈やりやすさ〉の違いのあることを感じ取れるようになり、自分の動きに優勢化能力を働かせられることは、重要な学習内容と考えられます。

　例えば、冒頭に確認したかけっこのスタートの構えについて、初心者を指導する場面を考えてみましょう。どちらの側で構えるとやりやすいのか見極めるには、その場で何回か片足ケンケンをして、そのままその場かけ足を行うという課題を、左右を替えながら繰り返すことで、初心者であっても何となくこちら側がやりやすいと気づくようになります。また、グリコジャンケン⑤を課題としながら、大また走の１歩目はどちら側の足から出るとやりやすいのか、自分の動きに意識を向けさせることによっても、左右の得意な側を見つけられることが筆者の実践によって確認されています。いずれの課題も地面を支持していない側の足（ケンケンで上げる足や大また走で１歩目に踏み出す足）が、スタートの構えでは後ろ側の足になります。

　こうした課題は、いずれも初心者が新たな動きを生み出すための素材となる運動経験の提供であり、いわば動きの学習の拠りどころ（動感故郷）となるものです。運動経験の少ない初心者にとって、動きの得意な側を見つけたり左右を替える学習は、自分の身体と向き合い対話するという体育独自の「身体の可能性」を大きく広げる大切な学習になります。そのような背景から、学校体育のなかでも基本的な運動を身につける学習内容を持つ体つくり運動系の領域では、小学校低・中学年で「多様な動きをつくる運動（遊び）」として、いろいろな種類の動きを左右の側で経験する機会を豊富に提供しているのです。

（渡辺　敏明）

⑤グリコジャンケン
ジャンケンに勝ったときに、出した拳の数だけ進む遊びの通称名を指します。チョキは「チヨコレイト（６歩）」、パーは「パイナツプル（６歩）」、グーは「グリコ（３歩）」といいながら進みます。

[文献]
1）金子明友『スポーツ運動学』明和出版、2009、p.224
2）同上

ゼミナール2

（2）球技のコート内で動きながら全体の情況を
　　とらえる能力をどのように導くか

１．適切な情況判断とは何か

　球技では、どのようなプレーが適切な情況判断といえるでしょうか。例えば、ボールを保持した選手が、ディフェンスに囲まれた状態で見事なドリブルや身体操作で抜け出しシュートを決めたとします。しかし、もしこのプレーが時間や点差、ファール数、ゲームの流れなどと合っていない場合はどうでしょうか。残り時間が少ない場面で、時間を要するプレーを選択し、試合終了となってしまえば、適切とはいえません。したがって、選手が適切な情況判断プレーを行うために、相手や味方の動きの意図や能力、位置関係などを読み解きながらプレーができることと、ゲームの時間や点差、ファール数やゲームの流れなどを読み解きながらプレーができることの二つが要求されます。

　これらの能力についての詳細は拙稿1)2) に譲りますが、本ゼミナールでは、全体の情況をとらえる能力の根幹となる前者の能力（相手や味方の動きの意図や能力を読みながらプレーをする能力）に着目し、体育の授業やスポーツの指導場面などでその能力を初心者に身につけさせるポイントについて考えていきます。

２．情況が“見える”ということ

　もう少し情況判断について考えてみましょう。そもそも、情況が見えている状態とは、どのような状態でしょうか。

　私たちが目を見開いているとき、上下左右に広く見えています。しかし、だからといって目に見えているものすべてを把握できている（そこに何かがあると気づいている）わけではありません。例えば、細かい手作業などに熱中しているとき、あるいは考え事をしているとき、目の前を知人が通り過ぎても気づかず、声をかけられて驚くということもあります。このように、意識が何か（手作業、考え事）に向かっているときは、周囲の様子が目に入っていても気づかないことは多々あります。

　これと同じことが球技でもいえます。熟練者は手や足でボール操作をしながら周囲を見ることができます。しかし、ボール操作技術が未熟な場合、意識は「ボール操作」に向いてしまいます。周囲の情況が見えることと、ボー

ル操作技術の習熟度には関係性があるということです。サーカスなどでは一輪車に乗りながらジャグリングをする姿をよく見ますが、どちらの操作技術も習熟していなければ両方を同時にはできません。ボール操作をしながら、ボールを奪おうとする敵を避けたり、動く味方にパスをするには、操作技術を習熟させなければなりません。よって、「情況が見える」ということは、「ボール操作ができる」こととと非常に密接な関係にあります。このことは、コツとカンの関係として前項にも記載されていますので確認してください（IV-2 球技のわざの特性と関心の発生）。

3．動感を読み合う能力を身につけさせる

　球技では、パス方向を見ないで的確にパスを出したり、相手をうまく騙してドリブル突破するといった卓越したプレーが散見されます。優れた選手は、まるで情況を俯瞰的に把握できているように見えます。このようなプレーを可能にする根源的能力として、選手同士が互いの持ち合わせている動感を読み合える能力があります。

　動感の読み合いができることとは、プレーの実現可能性が読めることです。それは、例えば、走っている味方にパスをする際に、ディフェンスもパスカットをねらっている情況で「パスが通るか通らないか」を読めることです。パス場面では、味方やディフェンスがどれくらいのスピードで走っているか、味方はパスを受け取る準備ができているかどうか、どのスポットに出せば取りやすいか、自分はパスを出せる技術力を持っているのかといったことを、瞬時に感覚的に把握できなければなりません。

　ドリブルで突破することや、戦術的に味方と連携しながらプレーをすることなど、球技におけるすべてのプレーは相手や味方、自分自身の動感を読まなければ決して成立しません。また、相手も自分が持ち合わせる動感を読もうとし、妨害しようとします。ですから、互いに動感を読み合ってプレーができなければ、どんなプレーも成功させることはできないのです。

　では、どうすれば動感の読み合いを初心者や未熟練者に教えることができるのでしょうか。

（1）駆け引きの成立条件

　まずは、選手同士で自然に動感の読み合いが生まれるような練習を設定することが重要です。練習のポイントは「駆け引き」が成立していることです。駆け引きの成立は、じゃんけんを例として考えるとわかりやすいです。じゃんけんは三つの出し手が三すくみの関係で成立しており、一つの出し手に対して必ず、勝つ出し手と負ける出し手が存在しています。当然のようですが、じゃんけんの出し手の強弱関係が理解できているからこそ、相手の特徴やクセ（最初にグーを出しやすいなど）の情報をもとに、読みを働かせるのです。したがって、駆け引きの成立条件の一つは、出し手（プレー）の強弱関係を理解していることです。二つ目は、勝利するための出し手（プ

レー）が出せる（できる）ことです。三つ目は、圧倒的な実力差がないことです。どちらかが絶対的に有利な状態では成立しません。

つまり、球技における駆け引き（特に1対1）場面では、オフェンスとディフェンスの出し手（プレー）の強弱関係を理解させなければなりません。このことを、バスケットボールを例として詳しく説明していきます。

（2）プレーの対応関係を理解させ、実践できるようにさせる

バスケットボールの1対1において、シュートとドリブルを使った駆け引きが最もシンプルだと思います。その駆け引きの関係性について、図に示します（図）。オフェンスがシュートを打った場合、ディフェンスは間合いを詰めなければ高確率で決められてしまいます。ですから、オフェンスのシュートに対しては、ディフェンスは間合いを詰める（あるいはブロックする①）ことが有効になります。そして、ディフェンスが間合いを詰めた場合、オフェンスはドリブルで抜きやすくなります。ドリブルで抜こうとするオフェンスに対し、ディフェンスの有効な対応は間合いを離す（あるいはコースに入る）ことです。しかし、ディフェンスが間合いを離せば、オフェンスはシュートが打ちやすくなります。このように、オフェンスとディフェンスの四つのプレーが、図のように牽制し合うかたちになっています。もし、この関係が成立しなければ、選手はあるプレーをした際に、必ず勝つことになってしまいます。そのような状態では、駆け引きは成立しません。このようなオフェンスとディフェンスのプレーの対応関係は、シュートとドリブルだけでなく、様々なプレーにおいて成立します。指導者は、選手同士の駆け引きを成立させるためにプレーの対応関係を整理しておくことが重要でしょう。

また、指導者は選手に対し、プレーの対応関係を理解させる②ことと同時（あるいはそれ以前）に、駆け引きに必要なプレー（上記では、シュートとドリブル）を実践できるようにさせることが不可欠です。じゃんけんでも、グー、チョキ、パーが出せないのであれば、駆け引きはできません③。

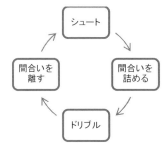

シュートとドリブルの対応関係

しかし、プレーの対応関係を理解させ、それぞれのプレーの実践能力を高めたとしても、動感の読み合いが生じる条件が整ったにすぎません。

[指導実践に向けて] 動感の読み合い

（1）指導者が選手たちのプレーから動感を読み解き、動感の読み合いを促す

選手に動感の読み合いをさせる上で最も重要なポイントは、指導者の関わりにあります。指導者が、選手たちの動きや駆け引きを観察し、どのような感じで、何をねらおうとしているのか、動感的視点から探ることが必要になります。

①ブロック
ディフェンスが間合いを詰めながらジャンプし、オフェンスのシュートしたボールに触ったり、強くたたくことでシュート行為を妨害すること。

②対応関係の理解
ここでいう理解とは、論理的思考に基づく理解ではなく、身体の経験知に基づく理解であることを強調しておきます。「わかる」のではなく、「身体で表現できる」ということです。
指導者は言葉や図、映像を用いてプレーの対応関係を理解させることも重要ですが、学習者や選手のプレーを観察し、身体で理解しているかどうかを確認できる能力も問われます。

③駆け引きができない場合
小学校低学年を対象とした学校体育や、初心者を対象にしたクラブでは、ボール操作技術が未熟な学習者がほとんどです。
しかし、未熟だからといって基礎技術ばかり練習していては、ボールゲームの本質である駆け引きや動感の読み合いをする能力は身につきません。
指導者は、学習者のボール操作技術のレベルに合わせて練習ルールを調整し、駆け引きが発生する情況をつくり出すことが重要です。例えば、初心者は手でドリブルをつくことができないことやシュートが届かないことがほとんどですが、「ボールを持って1対1をする」「リングを低く設定し、リングに当たれば1点」などのルール・環境設定をすることで、ボール操作への意識よりも、周囲の情況に意識がいくようになり、駆け引きの能力は磨かれます。

動感の読み合いを見極めるポイントを、以下のような指導場面を例に挙げてみます。1対1の練習場面で、ディフェンス選手が反応的にオフェンス行為を妨害しようとしています。反応的に妨害しようとすることとは、例えば、オフェンスがシュートを打ったことを確認してから、間合いを詰めるようなプレーです。これでは時間的な誤差が生じ、シュートは防げません。じゃんけんでいうと、後出しをしているようなものです。じゃんけんで後出しをすれば確実に勝つ出し手を出せることになりますが、バスケットでは適切な出し手であっても対応が遅れてしまいます。後出しのようなプレーをすることは、読みを働かせたプレーではなく相手の動きに反応したプレーといえます。素早く反応できる能力を身につけることも重要ですが、相手の動きに反応してばかりではフェイク④にも反応してしまいます。偽物と本物の動きを見極めるために、まずは反応しようとする意識から、相手の動きを読もうとする意識へと変化させる必要があります。

　反応するようにプレーをする選手のなかには、間違った選択をすることを恐れている選手もいます。読みを働かせるということは、当然、的外れなプレーをしてしまうことでもあります。読みが外れたときに指導者から厳しい指摘を受ければ、読むことの恐怖心を抱かせることになります。選手が読むことを恐れていてはいつまでもその能力は身につきません。指導者はこのような選手に対し、「相手がこれから行おうとする動きを読んで、相手とほぼ同時に対応するプレーをしてごらん。読みが外れてもいいから、思い切って！」と伝えてみましょう。その結果、読みが外れても相手の動きを読もうとしたことを認めましょう。そうすることで、選手は相手が行おうとするプレーに意識を向けやすくなり、動感を読む能力が育ち始めます。指導者が選手の読みが外れた結果ばかりを指摘すると、動感を読もうとする意識はなくなっていくでしょう。

（2）まとめ

　選手同士が動感を読み合おうとしているかどうか、指導者が画一的に判定することはできません。上記で挙げた見極めるポイントも目安でしかありません。読みを働かせてなくてもプレー結果としてうまくいく場合もありますから、指導者は選手がどのような意図を持ってプレーをしたのかを把握し、動感的視点からアドバイスをすることが求められます。選手を動感の読み合いの世界へ引き込むことが、動感を読み合う能力を育成する第一歩です。そして、動感を読み合う能力が、全体の情況をとらえる能力の礎となっていきます。

（中瀬　雄三）

④フェイク
相手が反応することを期待し、本来の目的とは異なる動きをすること。例えば、シュートフェイクをする際には、相手がシュートを防ごうとする（間合いを詰める）ことを期待している。間合いが詰まれば、ドリブルで抜けやすくなるからである。ドリブルで抜くような動き（ステップ）をフェイクとして、間合いを離し、シュートを打とうとすることをねらいとする場合もある。

［文献］
1）中瀬雄三・佐野淳「バスケットボールにおける優れた競技能力を有するポイントガードの選手が読み解くゲームの流れの構造」体育学研究62-2、日本体育学会、2017、pp.705-721
2）中瀬雄三・佐野淳「バスケットボールにおける状況の構造を読み解く身体知に関する考察」スポーツ運動学研究26、日本スポーツ運動学会、2013、pp.29-45

ゼミナール2

（3）「今だ！」を見出す能力をどのように導くか

１．練習の成果を発揮するには

（1）せっかく一生懸命に練習したけれど

　これまでを振り返って、どうしてもうまくできなかったわざや運動などを、一生懸命に練習した経験のある方は少なくないと思います。そのなかで自分なりにコツをつかみ「こうすればうまくいく」という手応えを感じても、いざ本番になると、どこで「こうする」を発揮すればよいかわからず、うまくいかないということは珍しくありません。個人で行う単なわとびなどであれば、自分のなかのコツが理解できれば成果が見えますが、これがバスケットボールのドリブル等であれば、仮に個人練習でうまくいったとしても実戦場面ではそうはいかないのです。対人競技では、相手が自分のタイミングを邪魔してくるのは当然であり、邪魔をかいくぐり、自分のコツを発揮できるタイミングを見つけ出す（つくり出す）能力がなければ思うようにはいきません。

　そうなると、「せっかくがんばったのに」と努力したことが成果につながらず、やる気を失うことにもなりかねません。指導者であればそうならないように指導するのはもちろんです。そのためには、できるようになったコツを発揮するタイミングの指導の重要性が浮き彫りになってきます。

（2）仕掛けどころを理解させる必要性

　それでは、仕掛けるタイミング、すなわち「今だ！」という感覚を見出す能力をどのようにして身につけてもらえるでしょうか。力が強く足が速いといった体力的要素が非常に高い選手でも、情況把握ができず、能力を発揮する肝心な仕掛けどころがわからなければ、「宝の持ち腐れ」になってしまいます。情況を把握するこの能力はカンに大きく委ねられます。これは武道などの対人競技や、サッカーなどの団体球技では重要な問題として取り上げられますが、体操競技などの個人競技においてはどうしても二の次にされてしまいがちです。しかし、仕掛けどころのタイミングを合わせることは、個人競技でも重要であることは間違いありません。

　ところで、刻々と移り変わる情況を自分だけで把握することはまだしも、他人に理解してもらうことは、そう簡単ではありません。「ほら、今！」「あー、そこじゃない！」などと、指導者が外から見てわかるタイミングを

ただ指示するだけで、学習者は自身の身体で了解できるでしょうか。学習者本人に理解してもらうにはどうすればよいのか考えてみましょう。

２．周囲の情況に気を配る

（１）情況判断能力について

　スポーツの場面で、今自分の置かれている情況にふさわしい動きかたを選ぶことは非常に重要です。クローズドスキル①1)と呼ばれる種目であれば、自らの置かれている情況はそこまで多種多様ではないかもしれませんが、オープンスキル②と呼ばれる種目はその比ではありません。敵がこちら側の裏をかこうと画策するのは当然のことですし、自分以外の味方がどのように判断して動くのかさえも予測できなければなりません。情況を的確に把握して、適切な動きかた（コツ）を選び出すこの能力を、ここでは情況判断能力③2)と呼ぶことにします。

（２）視野の広い人とは

　では、情況判断能力に優れている人とはどんな人でしょうか。団体球技などにおける視野の広い人が挙げられるでしょう。自分の周辺やボールの行方にしか目がいかない人が、敵が何をしようとしているか推測できるでしょうか。ボールを持たない相手の動きに意識が回らないのでは適切な情況判断はできません。とはいえ、同時に多くを意識することもまた困難なのです。

　例えば、バスケットボールのドリブルにおいて、ボールの突きかたに常に意識を向けねばならない完成度ならば、敵のいる実戦ではすぐに奪われてしまうでしょう。未熟なうちは自分の動きかた〈コツ〉と周囲の情況〈カン〉を交互に切り替えながら両方を意識しますが、コツが十分に身についている人は、意識しなくても勝手に身体が動くようになります。そうなれば周囲の情況へと意識を向ける配分が大きくなり、結果的には視野が広くなるのです（図１）。特に、ボールを持っていない場面で外から見ていると手に取るように情況が読めるのに、いざ自分が矢面に立つと途端にわからなくなる人は、実はコツの習熟が不十分なのかもしれません。コツとカンは表裏一体です。同時に両方を意識することはできませんから④3)、自分の動きかたに意識を向けなくてもよいくらいに定着させることが近道でしょう。すなわち、情況判断能力を高める前提として、考えなくてもできるように動きかたを習熟させておく必要があります。

コツの習得場面では自らの動きかたに集中してその違いを鋭敏に感じ取ることも重要ですが、実戦で使えるようにするには、むしろ別の事を考えたり、歌を口ずさんだりしながらできるく

図１　習熟したドリブル（左）と未熟なドリブル（右）

①クローズドスキル
②オープンスキル
クローズドスキルとは、運動を遂行する際の環境が安定している、もしくはその変化が予測できるなかで行われる運動を指します。主に陸上競技のフィールド種目や体操競技等の採点競技が挙げられるでしょう。
オープンスキルとは運動を遂行する際の条件が予測できないかたちで変化し、その変化する環境条件のなかで行われる運動を指します。主に球技や対人競技が挙げられるでしょう。

③情況判断能力
情況判断を支えているのは、（実際には）届かない位置や用具を介しての距離感や感覚を把握する「伸長能力」、起こり得る先の場面予測や突発的に起こったことに即興的に対処する「先読み能力」、実際に起こった情況を意味づけし、過去の経験も踏まえて整理する「シンボル化能力」などです。

④コツとカンの一体性
例えば、ゴルフなどでボールを置かず素振りをしていると気持ちよく理想のスイングができているのに、実際にボールを置くと自分のスイングができなくなることがあります。これは、自分の動き（コツ）のみに集中できているところから、ボールの位置（カン）に意識を向けた途端にコツがわからなくなってしまう場合です。このような例は、最も基底的な身体知発生の出来事を支配する「差異化基本原理」によるものです。特にここでのコツとカンは現れと隠れの「反転化作用」の実例であり、どちらかを意識すれば、もう一方は意識の背後に隠れてしまうのです。

らいに練習を重ねるべきでしょう。

[指導実践に向けて] 想定外に動く敵を想定内の味方にする

（1）タイミングを意識的に学ぶ

　さて、視野が広がってきたとしても、それだけでは適切なタイミングがわかりません。このタイミングを気づいてもらうに当たって、なわとびの事例を考えてみましょう。

　個人で行う単なわとびでは、なわを回すのも跳び越えるのも自分です。なわを回して自分の足元に近づくタイミングと、跳び越すためにジャンプするタイミングは一致しやすいでしょう。しかしながら、複数人で行う長なわとびの場合はどうでしょうか。回るなわを見つめながら、なかなか入るタイミングがわからず立ち往生している姿は決して珍しくありません。

　ところで、長なわとびをする際に回し手によって跳びやすさが違うことはお気づきでしょうか。なわを回す人が上手な場合は非常に跳びやすく、そうでない場合は跳びづらくなります。上手な人は跳び手の走り込んでくるタイミングやジャンプするタイミングに合わせてなわの回しかたを微調整することができます。少し遅れている人には速度を落としたりして上手に跳ばせているのです。また回すのが上手な人は、ある程度跳ぶのも上手だといえるでしょう。回しかたを知っている（＝どのくらいの力配分でどれくらいなわが動くかを知っている）ので、他者が回しているなわがどのように動くかを感じ取れるのです。そういう意味では、上達するために回し手側の練習をすることも効果的でしょう。全く勝手になわが動いていると感じるのではなく、自らなわを動かすことを経験することで、迫りくるなわはこんなふうに動かしていると共感でき、結果的にそのタイミングに気づきやすくなるのです。

（2）自分で動かしたものを自分で感じる

　次に、自分のコツで動いた結果、その後どのようになるのかを予測できるようになることを考えてみましょう。ここではサッカーのリフティングの事例を取り上げてみたいと思います。

　リフティングとは、自分でボールを上方向に蹴り上げる〈コツ〉と、落ちてくるボールの位置やタイミングを察知し、次の脚の出しかたを決める〈カン〉によって支えられています（図2）。未熟なうちは蹴ったボールがどこに落ちてくるかわからないので、落ちてきた位置を把握して次の動作に移るまでが慌ただしくなります。ときには思わず不自然な体勢のままボールを蹴らねばならず、さらに予測できないところに飛んでしまいます。上手になると思い通りの位置に落ちてくるようになります。すると慌てて別の動きをしなくても、自分のタイミングで同じような動作を繰り返せばよくなります。つまり、蹴り上げるコツと実際に落ちてくる場所が感覚的につながってくるのです。これがつながらない人はなかなかうまくいかないでしょう。そういう意味では、無理に連続してボールを蹴らずに、一回ずつ確実にねらったと

図2　リフティングの
　　　コツをつかむ

ころに蹴り上げる練習が効果的かもしれません。

（3）相手のタイミングに共感する

　実戦場面では自分と違う他者の動きも踏まえて情況判断をしなければなりません。ここでも重要になるのは、自分で多くを経験し、コツとして身についているかどうかです。同様にサッカーの例で考えてみましょう。

　上手な選手は相手がボールを蹴った瞬間にどの辺りにどれくらいの速さで飛んでくるのか予測がつきます。なぜなら、自分も同じようなことができるからです。ところが、はるかに格上の選手の動きは、おそらく予想もつかないでしょう。例えば、これくらいの圧力をかけられたら自分では突破できないと思っていても、それを超える動きをする敵もいるかもしれないのです。

　自分が同じ場面だったらこうするだろうという予測を積み重ねながら、日々自分のコツを磨いていくことで、相手の動きの意図も感じとることができ、結果的には敵の動きやタイミングが事前に読めるようになるのです。

（4）一つのコツに縛られすぎないこと

　敵は、もちろんこちらの裏をかこうとしますが、それが想定できているかどうかが重要になります。様々に変化し得る情況ですが、「これはあのときと似た情況だ」「以前もこんな場面があった」というように、いろいろなパターンをシンボル的⑤4）にとらえることができるとよいでしょう。

　注意すべきことは、自分の得意なパターンばかり練習していないか、また思い通りにいかなかったらすぐ中断していないかということです。実戦では緊張感などで思い通りに力を発揮できないことが少なくありません。想定外の場面ほど対処が困難になります。ところがいろいろな動きや多種多様な場面を経験し、「こういうときはこうする」という対処方法を身体に蓄積していけば、いざというときに役立つのです。失敗した後どうするかとか、こういうプレーが得意な相手だったらどう攻めてくるかなど、予定外の場面の練習が自分のプレーの幅をつくるのです。あらゆる場面に対応できるようにコツを徹底的に磨くことが、適切な情況判断をするためのカンに直結するといっても過言ではないでしょう。想定外の動きをする敵さえも、自分の想定内へと落とし込むことができたら、「今だ！」というタイミングは自ずと開けてくるはずです。

（松山　尚道）

⑤シンボル的
ここでは、刻々と変化する情況を、これまでの運動経験をもとにしてシンボル構造化して一気に判断できる身体知、すなわち「シンボル化能力」の必要性を示しています。様々な情況を経験したなかで、今現在の情況がどんなときと似ているのか、そしてどう対処すればよいのか判断できるようになることを意味しています。

....

［文献］
1）日本体育学会監修『最新スポーツ科学事典』平凡社、2006、p.390-
2）金子明友『身体知の形成・下』明和出版、2005、p.44-
3）金子明友『スポーツ運動学』明和出版、2009、p.180-
4）同上、p.230-

ゼミナール2

（4）運動学習での「反逆身体」の意義を
　　どのように理解させるか

1.「反逆身体」とは

（1）思い通りに動ける身体

　私たちが日常生活を営む上で、〈身体〉がいうことを聞かないという場面に出会うことはほとんどないでしょう。右足を出そうとすれば右足を出すことができるでしょうし、机の上にあるコップを右手で取ろうと思って手を伸ばすと、右手でコップを取ることができるはずです。そのときに自分の身体が勝手に左手を出してコップを取ったという経験はないはずです。しかし、よくよく考えてみるといろいろな場面で、自身の思い通りに動かない〈身体〉に出くわすことがあります。例えば、机の裏のネジを締めようとして机の下に手を伸ばして手探りでネジを探し、「ねじ回し」でネジを締めようとしたときに、逆に緩めてしまうことがあります[1]。また、両腕を外旋させながら前に出し、両方の手のひらを組み合わせ、胸の前を通るようにして、目の前に組み合わせた手を持ってくると、どれが右手の指で、どれが左手の指なのかわからなくなることがあります。「ここの指（右手の指）を動かして」といわれて、逆の指を動かしてしまうことがあります（図1）。

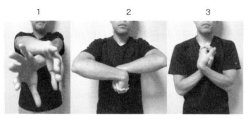

図1　外旋させた腕の手のひらを組み合わせると…

　いつもは思い通りに動かせるはずの手や足ですが、時どき自分のいうことを聞かない、思い通りに動かない〈身体〉になってしまいます。そのような〈身体〉のことを「反逆身体」[2]といいます。このような反逆身体は、日常生活ではほとんど意識されませんが、体育やスポーツといった運動の場面でよく顔を出してきます。自分では「こうやればうまくできる」とわかっていても、うまく身体を動かせないこともあるでしょう。また、指導者からこう動きなさいと説明されて、わかっているのだけれどなかなかその通りにうまく身体を動かすことができないことも、経験したことがあるはずです。

（2）思い通りに動けない身体に気がつく

　「反逆身体」に気がつく瞬間の多くは、運動を覚え始めて「できる」よう

になった後で起こる「全くうまくいかなくなる」ときでしょう。例えば、測定競技ではスランプといわれる記録が伸び悩むことや、場合によっては記録が下がることさえあります。体操競技においては、鉄棒の下りわざで鉄棒から手が離せなくなることや、野球では投手や内野手が思っている場所に球をうまく投げられないことなどが挙げられます。また、ゴルフの世界でもこれまで何の問題もなくパッティングをしていたけれども、ある日突然カップの手前で止まる、あるいはカップをはるかにオーバーするようなパットしか打てなくなる状態に陥ることもあります。思い通りに体を動かせない「反逆身体」に気がつき、それまで何の問題もなくできていたはずの動きのコツやカンが、何の前触れもなく突然破壊されてしまった選手は、焦燥感にかられ、試合が近い場合には絶望してしまうかもしれません。そのような反逆身体と出会った場合に、われわれはその意義をどのように理解し、またどのように関わればよいのでしょうか。

2．反逆身体との出会い

（1）動きの発生過程で出会う反逆身体

　反逆身体との出会いは、運動を習得するプロセスにおいて起こることになります。例えば、新しい運動を身につけようとしたときに、自身のいうことを聞かない〈身体〉に気がつきます。ウインドサーフィンにおいて、陸上では何の問題もなくできていたボート上での足の操作やセール操作が、水上へ出ると全くできなくなり、いうことを聞かなくなる〈身体〉と出会うことになります。そのような反逆身体を克服しようとして、トレーニングを行い、思い通りに動かせる〈身体〉を手に入れることもあれば、今までできていた運動が突然できなくなることもあります。その程度は大なり小なりで、あっという間に解決できることもあれば、解決するのに時間がかかってしまうこともあります。例えば、これまで跳び越すことができていたとび箱が跳べなくなることや、バレーボールにおいてサーブレシーブができなくなるといった、できる運動ができなくなる反逆身体に出会うこともあります。そのような反逆身体との出会いの原因は様々です。例えば、緊張による失敗や大きなけがをした経験、期待や過度な重圧を感じたりすることによって、自分の反逆身体に気がつくこともありますが、前触れもなく突然コツが消えてしまうこともあります。それは、その動きの経験がある者にしかわからない、奇妙な感覚であるといえます。できていたはずの運動ができないからこそ、焦りや切迫感が生まれます。そこで問題となるのは筋力不足や生理学的な体力不足ではありません。けがが治ったとしても、緊張感やプレッシャーがない場面であったとしても、どうしてもやりたいのに、身体が思うように動かないという動感の問題になります。

（2）どうにかして動きたいけれどもそれを拒む反逆身体

　反逆身体と向き合っている学習者に対しては、学習者の運動生活史①3）

①運動生活史
運動生活史とは、その人の過去の運動経験や運動体験のことであり、外的生活史と、内的生活史に分けられる。外的生活史では、現実に行われた客観的な事実であるのに対して内的生活史では主観的事実です。

を無視した動きの外的経過の指摘のみでは、解決できないことが多いことが問題となります。急に鉄棒の下りわざで手が離れなくなった学習者に対して、「足が、ここにきたら手を離せばいいんだよ」という指摘のみでは、反逆身体を思い通りに動かせるようになるかといえば、それは十分ではないでしょう。いうことを聞く〈身体〉であれば、そのような外的経過の指摘で十分かもしれませんが、そこで問題となるのは、なぜ手が離れないかが本人にもわからないということです。それは、手を離したらどうなるかわからないからです。足から着地できるのか、鉄棒に体は当たらないか、きちんと回れるかといったことを、〈身体〉で納得していないのです。そう動けばいいと頭ではわかっているのですが、〈身体〉がわかっていないのです。調子が悪いだけ、明日になったらできるだろうといった、動感に向き合わない短絡的な考えでいると、いくら時間が経っても解決することはできません。学習者のコツやカンに向き合わずに、外部視点の指摘のみによる練習段階や手順の提示にとどまる指導者には、反逆身体は扱えない問題となります。なぜなら、そこではコツやカンを新たに発生させなければならないからです。学習意欲が盛んでも、筋力や体力といった生理学的には何の問題がなくても、それだけでは不十分な理由がここにあります。

[指導実践に向けて] 反逆身体との関わり

（１）反復を誘う反逆身体

　先ほど述べた、外旋させた腕の手のひらを組み、胸の前を通して目の前に持ってくる事例から、反逆身体との関わりを考えてみましょう。はじめは、この指を動かしてごらんといって指をさされても、さされた指を動かすのに、自分がどこをどのように動かせばいいのかわからず、違った指や反対の腕の指を動かしてしまいます。しかし、何度も行っていると、少しずつさされた指がどの指なのかがわかるようになります。さらに動かすのに時間がかかっていた指が、その時間も短くなり、さされたと同時に動かせるようになります。そこでは、何度も行うことにより、思い通りに動く〈身体〉を身につけます。目の前にある自分の指は、「こう動かす」と「こう動く」ということを身体で了解し、動ける〈身体〉を獲得していくのです。

（２）反逆身体の源を探る

　運動の発生過程において反逆身体と向き合っている学習者は、「こうやれば、大丈夫」といわれても「こうできない」から問題です。そこでは、反逆身体の源の分析が必要です。つまり、状況や場面を制限して、どこまでなら自身の思い通りに動く〈身体〉なのか、どこからが動けない〈身体〉なのかを探る必要があります。

　バレーボールのサーブレシーブのコツやカンが急に破壊されしまったとしましょう。普段なら当たり前のようにできていたレシーブが全くセッターに返らなくなった場合、まずどの程度のサーブならばきちんとセッターに返せ

るのかを確認する必要があります。そこでは、距離や高さや速さやボールの回転などが異なる様々なサーブを打ってもらい、さらに体勢、コート場での位置、自分のどちらにきたサーブなら返せるか、といったことを確認するのです。そうすることで、反逆身体が現れてくる場面が明らかになります。

　また他の例で、テニスにおいて試合になるとサービスショットがうまくいかなくなる反逆身体に気づいたとします。練習ではうまくいくのに試合ではなぜか自身のいうことを聞かない〈身体〉と出会うのです。その場合には、うまくいかないサービスショットの打ちかたを練習で確認しておかなければなりません。つまり、どうやれば失敗するのかを明らかにする必要があります。そこでは、ボールの高さであったり、ラケットの振りかた、膝の使いかた、体の向きなど、サーブが入らない動きかたを一つひとつ確認するのです。そうすることで、サービスショットが入るようになるための、思い通りに動く〈身体〉に気がつく必要があります（図２）。ダーツや野球においても、投げる瞬間に手首が固まることがありますが、どのような状況だと手首が固まらないかを確認しなければ、いつまで経っても思い通りに動く〈身体〉に出会うことはありません。このように、反逆身体と出会った際には、自身の動きかたに目を向けることになります。反逆身体と向き合わず、「できない自分を受け入れる」といったような精神面からのアプローチのみでは決して解決できません。そのような場合、体重の変化や体調の変化、気分や雰囲気といった様々な状況を原因にしてしまい、何を解決すればいうことを聞く〈身体〉になるのかがわからなくなります。

図２　サーブが入らない動きかたを確認する

（3）反逆身体を通じてコツは強固なものに

　自身の反逆身体の正体が明らかになったならば、次はいうことを聞く〈身体〉にしていく作業、つまりコツを新しく構築することになります。そこでは、条件を制限した場面設定や、そう動かざるを得ない課題を設定する必要があります。反逆身体の源を解決するような練習段階を取り上げなければいけません。

　反逆身体を克服し、新しく発生したコツは、以前のコツとは比べものにならないほど、ちょっとやそっとでは崩れない揺るぎのないコツになるものです。そのコツは、プレッシャーや緊張といったものではビクともしないものになります。運動学習において反逆身体を理解することの意義はまさにここにあります。

（仲宗根　森敦）

［文献］
1）金子一秀『スポーツ運動学入門』明和出版、2015、p.64
2）金子明友『身体知の形成・上』明和出版、2005、pp.200-201／金子明友『わざ伝承の道しるべ』明和出版、2017、pp.297-298
3）金子明友監修『運動学講義』大修館書店、1992、pp.234-235

ゼミナール2

（5）「頭越し」局面を持つ運動を
　　どのように指導するか

1．「頭越し」とは何か

　ここでいう「頭越し」とは、身体全体が頭を越えて回転することを指します。器械運動や体操競技のわざのなかには頭越し局面を持つ運動がたくさんありますが、それらのわざに恐怖心を抱く学習者も少なくありません。彼らは頭越し局面を持つ運動の何に怖さを感じているのでしょうか。

　普段私たちは「頭が上で足が下」という状態で活動しており、頭は〈上〉で足は〈下〉にあり、お腹は〈前〉で背中は〈後ろ〉にあるということが自らの身体に了解されています。そのため「走る」や「投げる」などの立位で行われる運動では〈前後〉や〈左右〉、そして〈上下〉の空間意識が混乱するということはほとんどありません。しかし、「足が上で頭が下」という状態を経過する頭越し局面を持つ運動では自分の身体が今どうなっているのかわからなくなり、動きの流れが突然消えてしまうような感覚に襲われることもあります。専門的な指導を受けずに、マットやトランポリンで「前方宙返り」をやってみたことがある方もいらっしゃると思いますが、自分の身体はどれくらい回転しているのか、そしていつ着地に備えればよいのかがわからずヒヤリとしたことはなかったでしょうか。自分の姿勢や体勢が今どうなっているのか、そしてこの後どうなるのかがわからなくなることは単純に「怖い」という問題だけでなく、大きな力が身体に加わるタイミングに身構えることができないといったけがの危険も孕んでいます。

　このように頭越し局面を持つ運動では特に、〈上下〉や〈前後〉の空間意識に混乱が生じないように「今ここの方位性を感じ取る能力（定位感）」[①1]を身につけさせなければ、学習者はその動きに恐怖を感じ、やりたくないという気分につながってしまいます。マット運動の「前方倒立回転とび」で着手の直前に身体をひねって「側方倒立回転」のようになってしまう学習者、さらにはこれまでできていた「前転」の頭越しに突然恐怖を感じて床を踏み切れなくなる学習者など、頭越し局面を持つ運動の学習中につまずきが生じる例はいくつも挙げられると思います。以下では、マット運動の「側方倒立回転」と「後転」の事例を挙げて、頭越し局面を持つ運動の学習で生じやすいつまずきについて見ていきましょう。

①定位感
わが身の運動を絶対ゼロ点から今ここの方位性を感じ取る能力のことを「定位感」といいます。

2．「側方倒立回転」をどのように指導するか

（1）「側方倒立回転」のどこで恐怖を感じるのか

「側方倒立回転」はその名の通り倒立を経過するわざであり、基礎的な技能や感覚として壁倒立や補助倒立ができていることが望ましいといえます。また、足でよじ登っていく壁倒立や補助者に足を持ち上げてもらう補助倒立ではなく、自分で足を振り上げて行う壁倒立や補助倒立ができることは「側方倒立回転」を習得する上ではより有利となります。しかし、倒立で支える能力があるにもかかわらず、「側方倒立回転」を行おうとすると倒立を経過する際に手で床を押し返せなくなって背中側に倒れたり、足が振り上がらなくなる学習者もいます。彼らは足を振り上げようとすると「自分の身体がどうなっているのかわからない」「いつ手で床を押せばよいのかわからない」などと訴えることがあります。そのような場合、着手から倒立を経過して立ち上がるまでの視線の置きかたに問題があるために、〈上下〉や〈前後〉の空間意識が混乱して「怖い」と感じていることが多くあります。

（2）安心して「倒立」を行うためには

「倒立」の指導においては、逆さの状態に移行する際に頭部を背屈②に保ったり、上目づかいにすることで空間をとらえやすくし、さらに腕の支えが容易になるということが以前からいわれていました[2]。また、最近でも「倒立」になった際、立位の状態での数メートル〈前〉に視線や意識を向けるポイントを定めることが空間を広くとらえたり、逆さになった際の〈上下〉感覚の混乱を防ぐ上で効果的であり、恐怖心の軽減にも役立つことが指摘されています[3][4]。「倒立」を経過するわざである「側方倒立回転」においても、特に初心者への指導では視線や意識を向けるポイントを定めるということが重要となります。

（3）視線や意識を向けるポイントを定める

「側方倒立回転」を行う際に、図1のように腹屈頭位になりすぎて着手時に手元の床を見ていない学習者がいます。初心者の場合には特に、着手時に両手の間の床を見ていないと、自分の身体が今どうなっているのか、いつ床を押し返せばよいのかわからなくなり「怖い」と感じてしまうことが多くあ

②背屈
背屈は頭部を背中側に反らすこと、腹屈は腹側に曲げることです。頭部の背屈や腹屈は〈上下〉や〈前後〉の空間意識や力の入る身体部位などとも関連し、動きやすさに大きな影響を与えます。

図1　手元の床を見ていないと「怖い」と感じる

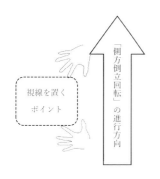

図2　両手の間にポイントを置く

ります。このような初心者への指導の際には、着手時に上目づかいで両手の間の床をしっかりと見るよう意識させることが恐怖心を軽減するということにおいても、しかるべきタイミングで床を押し返すということにおいても重要となります。「倒立」の指導の際には数メートル〈前〉を見たり意識させるのがよいとされていますが、「側方倒立回転」の場合には、両手の間の数センチから数十センチ〈前〉（図2）を見るよう意識させるとよいでしょう。「側方倒立回転」の場合、数メートル〈前〉を意識させると極端な背屈頭位になりやすく、足や腰が上がってこないということにつながるからです。

　立位から上体を倒して着手に向かうことを怖がる学習者には、しゃがんで足を前後に開き、着手した状態から足の振り上げを始めさせるという配慮も必要となります。立位から足を振り上げて着手に向かうと、〈上〉にあった頭が一気に〈下〉へ移動することになり、「怖い」と感じる学習者もいるからです。また、立ち上がる際に進行方向に腹が向いてしまい、うまく立ち上がれない（図1-③）という例もあります。そのような場合、着手から立ち上がりにかけて視線や頭が進行方向に大きく動いていることが多くありますので、立ち上がる直前まで着手位置をしっかりと見るよう意識させるとよいでしょう。

　以上のように、「側方倒立回転」はずっと床を確認したまま実施できる構造になっています。視線や意識を向けるポイントを定めること、そして〈上下〉や〈前後〉をしっかりと意識することで技の練習がしやすくなるということを学ぶ上でも「側方倒立回転」は有益なわざであるといえるでしょう。

[指導実践に向けて] 定位感の形成

（1）傾斜とソフトマットを利用した練習で「後転」の難点に気づく

　「後転」の頭越し局面で停滞したり、横に曲がったりする学習者を指導現場ではよく見ることでしょう。「後転」の成否や発展わざの習得に必要な頭越しを行うためにはどのようなことが必要となるのか考えてみましょう。

　図3のように、傾斜とソフトマットを利用して「後転」を行うといとも簡単に回転（頭越し）できます。傾斜とソフトマットを利用することで、「後転」を行う上で何が援助されたのでしょうか。一つは傾斜を利用することで頭越しを行う際の「後ろに転がる勢いが増した」ということが挙げられるでしょう。勢いがついたほうが頭越しを行いやすかったということは「後ろに転がる勢いをつける」ことが「後転」の頭越しを行う上で必要なことであるとわかるでしょう。二つ目はふかふかのソフトマットを利用したことで頭部がマットに沈み「頭が邪魔にならなかった」ということが挙げられるでしょう。頭越しの際に「頭部が回転の邪魔にならないようにする」ことも「後転」を行う上で必要なことであるとわかるでしょう。しかし、普通のマットはソフトマットのように沈んでくれませんから、頭が邪魔にならないようにするために

図3　傾斜とソフトマットを利用する

は何か別の方法が必要となります。別の方法とはもちろん「手で床を押して身体を持ち上げる」ということになります。これは一般に「頭越しの技術」5）と呼ばれるもので、後方へ回転するスピードに合わせて腰角を広げながら両手で床を押すことが「後転」の中核技術となるのです。

（2）手で床を押すタイミングを感じとる

　ある程度スムーズに後ろに転がって着手することができても、手で床を押すタイミングや腰角を広げるタイミングが早すぎて頭越しには至らず戻ってきてしまったり、反対に手で床を押すタイミングが遅すぎて首を強く屈曲させたまま窮屈そうに頭越しを行っている「後転」を見ることがあります。手で床を押すべきタイミングは、後ろへ転がる勢いや頭越しの技術いかんで変化するものであるため、「お尻が床について何秒後に」などと一概に決めることはできません。「後転」の頭越しにおいて手で床を押すというコツを生かすためには、「上体が〈後ろ〉に倒れて足が〈上〉に上がってきた」という自分の身体が今どうなっているのかの空間意識をもとにして、「押すタイミングが近づいてきた」という時間意識を働かせることが必要となるのです。

　頭越し局面を持つ運動の指導では特に、空間意識や時間意識が混乱しやすいということを事例を通して述べてきました。「自分の身体が今どうなっているのかわからなくなる」という運動世界は、技術的な問題のみならず、恐怖心やけがの危険性とも絡んできますので、指導者は〈上下〉や〈前後〉の空間意識が混乱しないやりかたというものを学習者にしっかりと身につけさせるべきでしょう。学習者が自身の身体で感じる衝撃に「唐突感」があるときは、まだその動きかたのコツやカンの基礎になる空間意識や時間意識が育っていないことを確認しておかなければなりません。

　また、立位で行われる運動では、例えば向かってくるボールを打ったり、蹴ったりする場合にはタイミングがずれたということを把握しやすいですが、頭越し局面を持つ運動では力を入れるべきタイミングを把握しづらいということも指導者は理解しておくべきでしょう。はじめにも述べたように、頭越し局面を持つ運動では「足が上で頭が下」という状態を経過するため、わざによっては頭から落下するという危険もあります。指導の際には頭越し局面を持つ運動で生じやすいつまずきや難点について理解し、適切な補助や安全面に配慮した場づくりの工夫などを怠ってはなりません。

（濱﨑　裕介）

［文献］
1）金子明友『スポーツ運動学』明和出版、2009、p.197
2）金子明友『マット運動』大修館書店、1998、p.252-
3）小海隆樹「定位感能力の充実に基づく技の指導」体操競技器械運動研究 20、日本体操競技・器械運動学会、2012、pp.1-13
4）中村剛「倒立における定位感能力の発生に関する例証分析的研究」伝承 10、運動伝承研究会、2010、pp.63-79
5）金子明友『マット運動』p.100-

執筆者紹介

編集代表

渡邉 伸（文化学園長野保育専門学校・日本スポーツ運動学会会長）

執筆者（執筆順。＊は編集委員）

神家一成（高知大学名誉教授）

岡端 隆（静岡大学）

佐野 淳（筑波大学）＊

金子一秀（東京女子体育大学）

木下英俊（宮城教育大学）

上原三十三（愛知教育大学）

中村 剛（筑波大学）

川口鉄二（仙台大学）＊

佐藤 誠（沼津工業高等専門学校）

渡辺良夫（筑波大学）

佐藤 靖（秋田大学）

小海隆樹（日本女子体育大学）

田口晴康（福岡大学）

石塚 浩（日本女子体育大学）

曽根純也（大阪体育大学）

佐伯聡史（富山大学）

三輪佳見（宮崎大学）

岸本 眞（宝塚医療大学）

河先眞弓（元筑波大学附属視覚特別支援学校非常勤講師）

渡辺敏明（信州大学）

中瀬雄三（日本バスケットボール協会）

松山尚道（天理大学）

仲宗根森敦（東京学芸大学）

濱﨑裕介（白鷗大学）

コツとカンの運動学──わざを身につける実践

©Japan Society of Sport Movement and Behaviour, 2020

NDC780／x, 165p／26cm

初版第1刷──2020年4月20日

編　者───────日本スポーツ運動学会
発行者───────鈴木一行
発行所───────株式会社 大修館書店
　　　　　　　　〒113-8541 東京都文京区湯島2-1-1
　　　　　　　　電話03-3868-2651（販売部）03-3868-2299（編集部）
　　　　　　　　振替00190-7-40504
　　　　　　　　［出版情報］https://www.taishukan.co.jp

装丁者───────石山智博
カバー写真──────アフロ
印刷所───────三松堂
製本所───────ブロケード

ISBN978-4-469-26891-1　Printed in Japan